小林次郎（明治24年-昭和42年）

『国会生活の思い出』の表紙
「校正用」と記されているのがわかる

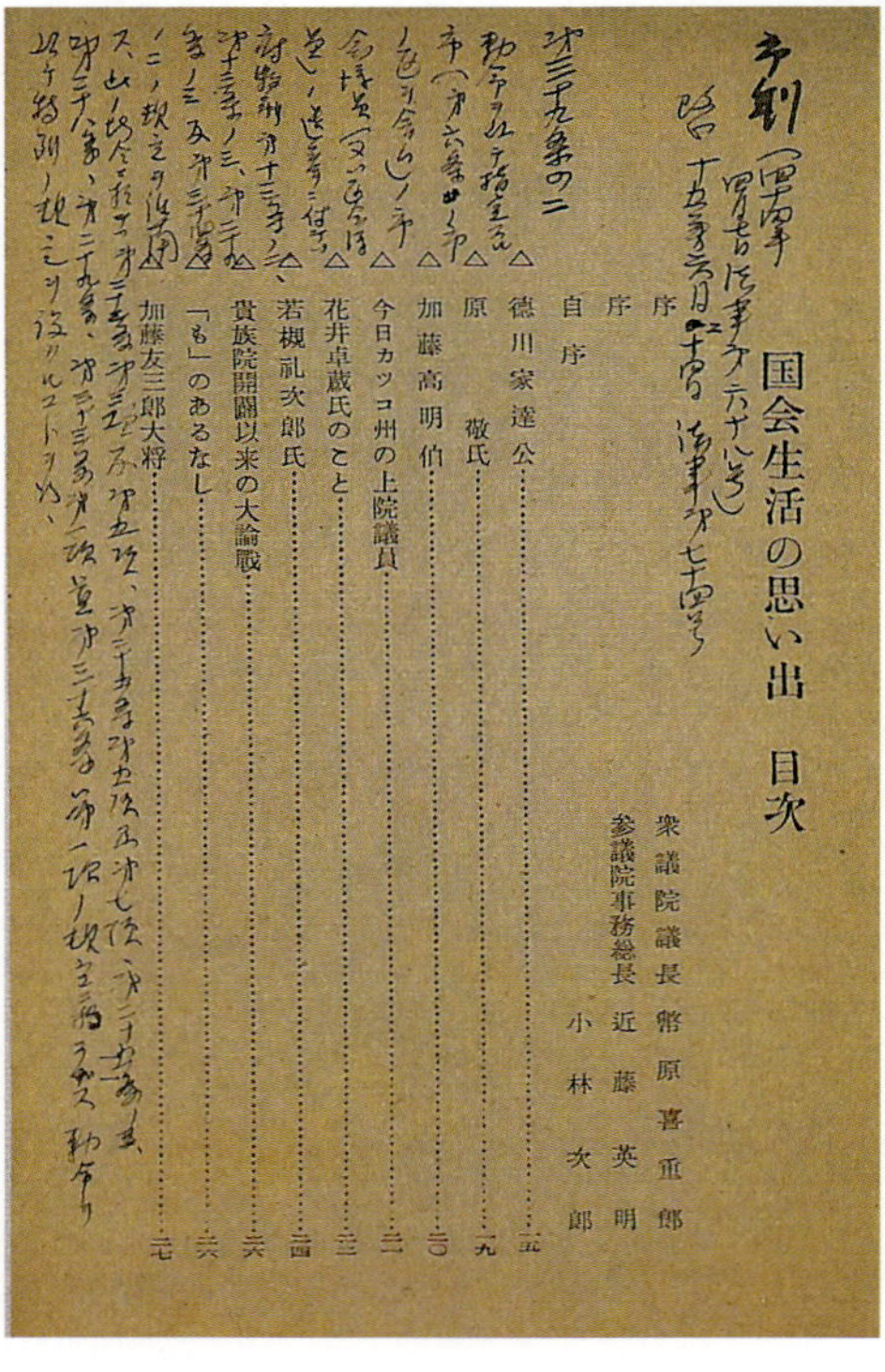

国会生活の思い出　目次

『国会生活の思い出』の目次
このように書き込みや修正が
ほどこされている

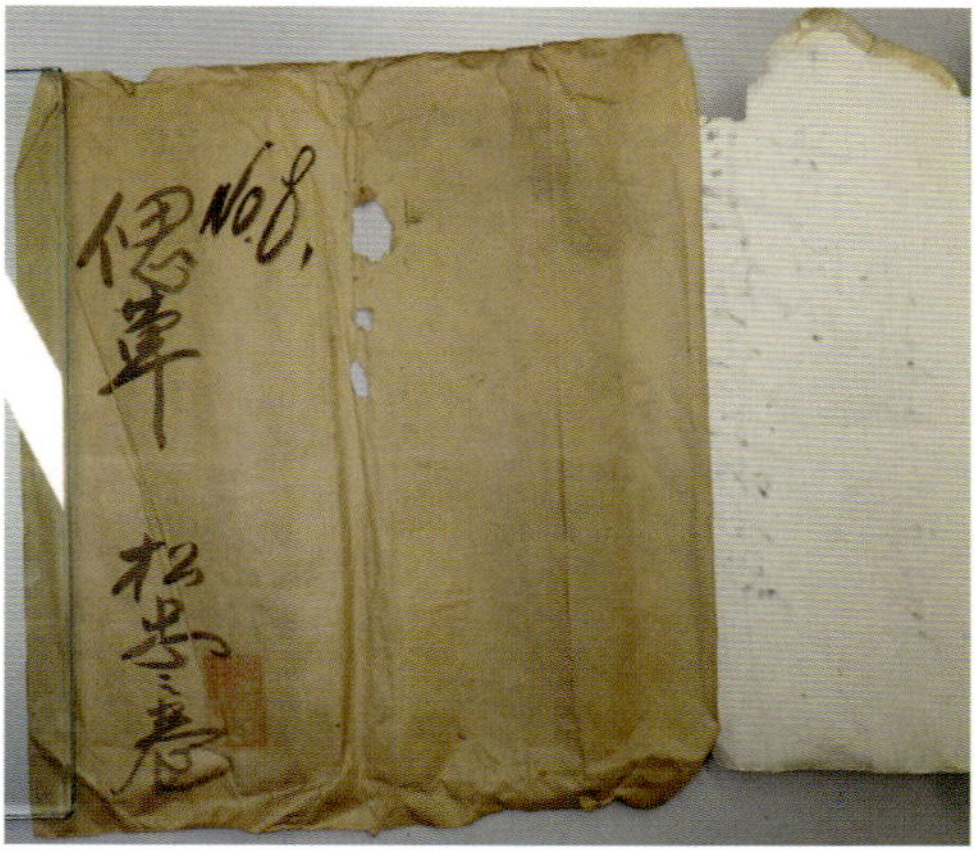

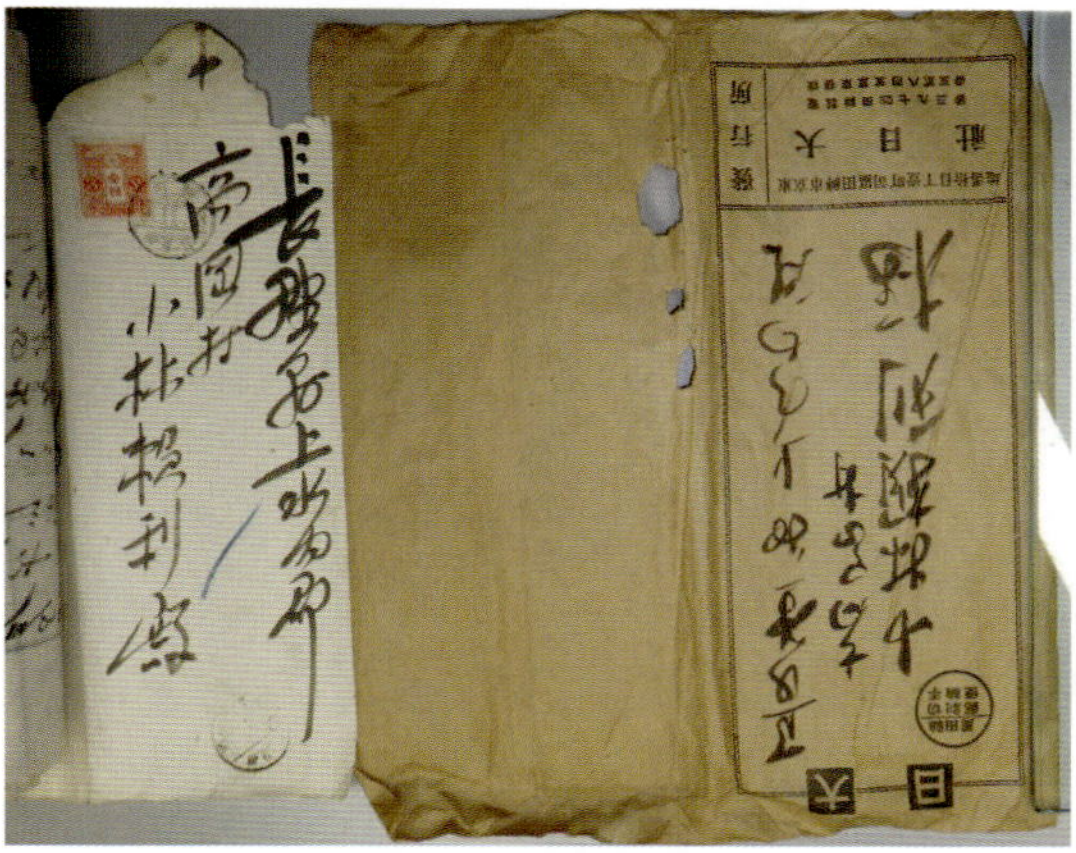

小林頼利宛松本忠雄書簡巻物の冒頭部分（いいづな歴史ふれあい館提供）
整理のための全体包装用に使用した茶封筒（小林頼利宛の大日本社封筒）の裏面に「№8　偲草　松忠之巻」という表題が書かれている（上段、中段）。
また、台紙に貼り付けるのではなく、前述茶封筒に個々の書簡が直接に継がれている（中段、下段）。 解題243頁も参照。

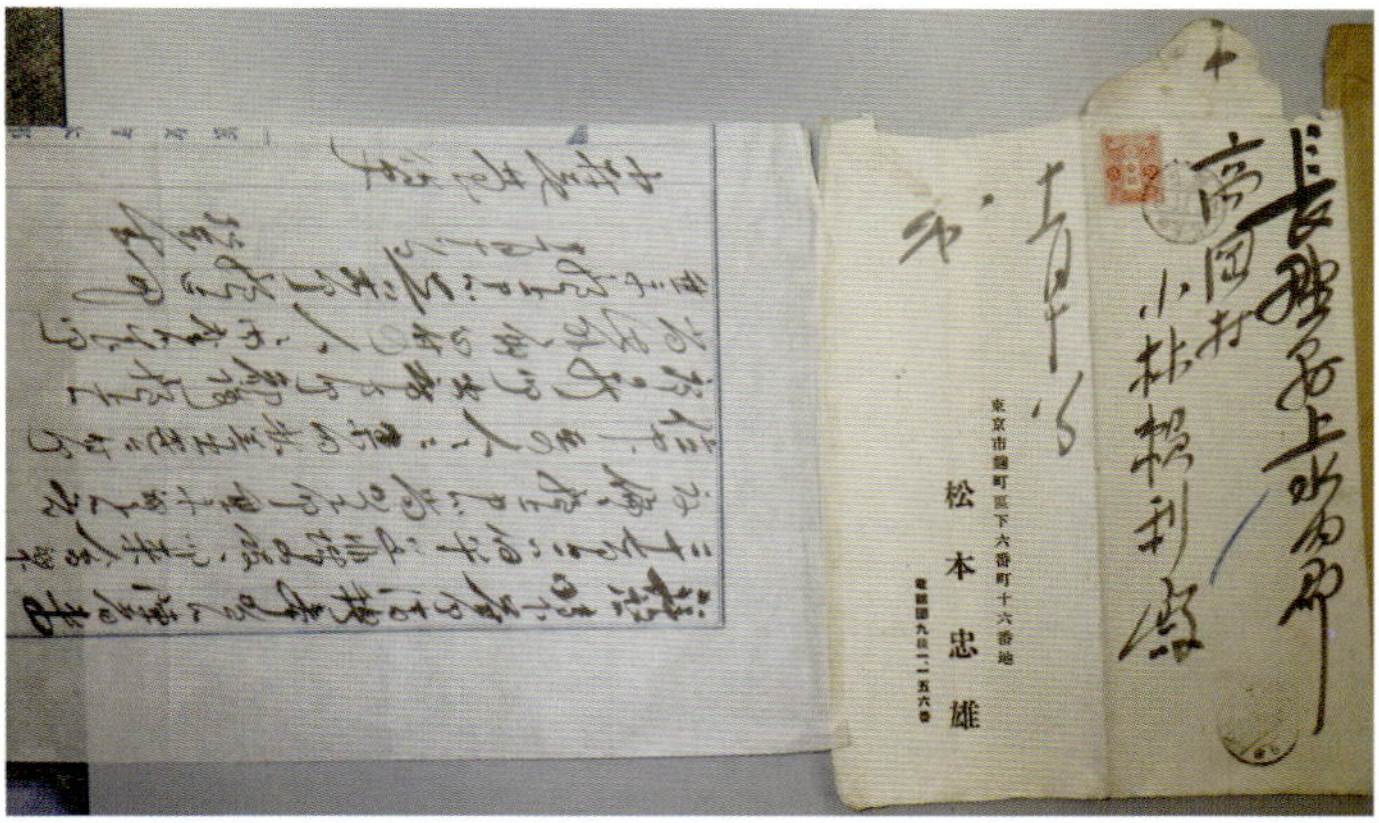

小林次郎生家外観（いいづな歴史ふれあい館提供）
現在は飯綱町移住体験用住宅として利用されている

尚友ブックレット40

小林次郎関係文書

尚友倶楽部
今津敏晃
編集

芙蓉書房出版

刊行のことば

現行憲法の下で、帝国議会は国会となり、貴族院は参議院へ引き継がれた。尚友倶楽部（前身・研究会、尚友会）は、明治以来、貴族院の選出団体として重要な役割を果たしてきたが、戦後は、純公益法人として、日本文化の国際的理解に役立つと思われる、公益事業や、学術団体、社会福祉、などへの援助を中心に活動をつづけている。

近現代史に関連する資料の公刊もその一環である。昭和四十六年刊行の『貴族院の会派研究会史・附尚友倶楽部の歩み』を第一号として、平成二年までには十二冊の「尚友報告書」を発表した。平成三年刊行の『青票白票』を第一号とする「尚友叢書」は、現在五十二冊となり、近現代史の学界に大きく寄与している。

一方「尚友ブックレット」は、第一号『日清講和半年後におけるドイツ記者の日本の三大臣訪問記』を平成六年に非売品として刊行し、以後三十九冊を刊行し今日に至っている。「尚友ブックレット」は、原文書のみならず関連資料も翻刻刊行してきているが、未公開の貴重な資料も含まれており、一般の方々からも購入の要望が多く寄せられてきたので、二十一号から一般にも入手できるような体制を整えてきた。

今回刊行の第四十号は、小林次郎の三十年にわたる国会生活の思い出と、各時代に記された論文、受取書簡などの関係文書を取り上げた。小林次郎は、明治二四年に長野県に生まれ、大正六年内務省に入省し沖縄に赴任、大正九年に貴族院書記官、昭和十五年に書記官長に就任し、在任のまま二十年に貴族院勅撰議員となった。貴族院廃止に伴い参議院開設準備を担い、昭和二十二年に初代参議院事務総長に就任し昭和二十四年まで務めた。いわば貴族院から参議院移行の生き字引である。

既に『小林次郎日記』(尚友ブックレット三十一号　二〇一六年)として昭和二十年の日記を刊行しており、激動の時期を併せ読んでいただくことで、より近現代史の学術研究に役立つことを願っている。

令和六(二〇二四)年九月

一般社団法人　尚友倶楽部

理事長　牧野　忠由

論稿類 113

書簡　217

凡例

一、漢字の旧字は適宜、常用漢字に直した。また、変体仮名は原則、通常使用のひらがなに直した。明らかな誤字は訂正した。

二、現在の観点から見て不適切な表現があるが、歴史史料としての性格に鑑み、修正はしなかった。

三、小林による修正、書き込みは（　）で補った。

四、編者による修正、書き込みは［　］で補った。

五、判読できなかった部分については■で示した。

六、一部著作権継承者へご連絡がつかない方がおられるので、権利者の方はご連絡いただきたい。

国会生活の思い出

附録　国会議事堂案内

小林次郎述

〔表紙裏書込〕

〔十六年十二月八日午前五時四十五分内閣書記官長ヨリ伝言　六時二十分大木と来てくれ、〕

小林次郎先生近影

著者略歴

文官高等試験合格、東京帝国大学法科大学卒業

沖縄県理事官、欧米各国へ出張

行政裁判所評定官、貴族院書記官長

議会制度審議会委員、貴族院議員

憲法改正調査委員会委員

臨時法制調査会委員、参議院開設準備委員長

参議院事務総長

参議院本会議場における松平議長（最上壇中央）と小林事務総長（向つて左隣）

1929年ベルリンにおける万国議員会議に出席せる小林次郎先生（写真の中央に小さく見ゆ）

序　文

小林次郎君は永年国会に勤務され、貴族院時代より参議院時代に至る前後三十年の永きに亘つて事務局に過され、その間貴族院書記官長として又貴族院議員として、更に参議院事務総長として国会の運営に多大の貢献を残された。最近総長の席を後輩に譲つて退官された。

小林君の殆んどその一生と言つてよい国会生活を顧みると、大正初期の政党政治の誕生期から始つて昭和初期迄の憲政の育成時代を見守り、軍国主義時代を通じて太平洋戦争の破局を経て、新しい憲法の下民主議会の誕生するに至る、実に三十年の国会生活であつて、その生活体験がそのまゝわが憲政史に外ならぬと申して差支へない。人間、一生を通じ一つの道に生き抜くことは決して容易なことではないことは世上の例が示しているところであるが、小林君は終始白亜の殿堂を一歩も離れず一貫して国政運営の潤滑油としての責務を果された。その間に在つて、自ら政治に就いての一つの見識を養い、一家言を持つに至つたことは決して偶然ではない。

此度退官の余暇を以て、その過去に於ける幾多の貴重な経験や記憶をたどつて回想の記を編むことになつたことは誠に意義のあることである。閑話の中にも自ら氏を着実な而も大局に立つて正道を踏んで止まない風がうかゞえることと信ずる。

多年の交友の誼を以て、小文以て序とする次第である。

昭和二十五年三月二十七日

衆議院議長　幣原喜重郎

序

帝国議会から新らしい国会にかけ、多年にわたつて、その最後の書記官長とし、また初代の事務総長として、議事の運営に当り、わが国政治の表裏に接しておられた小林先輩が、その多年の経験の中から、政界の逸話を、とりまとめて出版されることになつた。

政界の逸話というものは、その機を失すると、いつの間にかほんとうに消え失せてしまうこともあるし、また、その人を得ないとずいぶん誤り伝えられるおそれもあるが、小林さんは、忙がしい公生話の中から、その都度、事こまかに記録もされていたし、またその実相に最もよく通じていられるので、今日、この種の逸話をまとめるには、その人を得たものであるのみでなく逸話の主人公たちが次ぎ〳〵と他界せられて行く際でもあるし、この企てはまことに時宜を得たものと思う。

そういう意味からしても、この書ができるだけ多く世間に流布することを期待してやまない。

昭和二十五年初夏

参議院事務総長　近藤英明

自序

命長ければ恥多し、と兼好法師はいっている。わたくしの国会生活も前後三十年の長きに及ぶので、昨秋意を決して参議院事務総長を辞任し、武蔵野の一偶に閑雲野鶴を友として晴耕雨読を楽しむと共に、余生を政治教育に捧げて、わが国における民主政治の確立に寄与しようとおもつているのである。ところが〔高橋清治郎氏其の他〕幾多の知友は、わたくしの在任中の体験や見聞にもとずいて、この間における政界の楽屋話や秘話というようなものを取りまとめて、この際一本を刊行してはどうかと頻りに勧められる。それこそは、生きた政治教育資料であり、また貴重な憲政史料ともなるのだから、これを刊行することは、三十年も国会運営の枢機に参画したもの〻特権であるとともに、義務ですらもあるといわれるのである。さういわれてみれば、確かにそれに相違ない。わたくしの存在は、大正中葉以降の政党黄金時代、満洲事変以降の政党凋落期、戦時中の軍閥専制期、それから戦後の新憲法時代等にわたつており、この間における政界の大事件という大事件は大低わたくしの直接に関知するところである、直接関知しなかつたものについても、具にその消息を見聞する地位にあつたのである。従つて、この間の政界秘話や、裏面史について、わたくしが多少語るべきものをもつていることは事実である。それで、実は、わたくしも退任後はこれをまとめてみたいと思つて、かねがね各種の資料を整備していたのであるが、さていよいよこれをまとめて刊行せよと勧められてみると、また、わたくしとしては躊躇せざるをえない事情がある。何しろ、わたくしが、在任中に関知した事件は、事件後日なお浅く、関係者の多くはいまなお現存しておられるのだから、この際軽率に秘話や裏面史を公表すると、たといそれが客観的に真相を伝えたものであっても、いなそれが真相を伝えたものであればあるほど、これによって迷惑される人がないとも限らない。もちろん、これによってその功績や先見の明というようなものが顕彰される人もあるが、他面において必ず迷惑される人もでてくるのは避け難いところである。自分の筆のすさびによって人に迷惑を及ぼすということはわたくしの本意ではない。関係者がすでに故人になられた場合は差支ないようであるが、わたくしのつまらない著書によって故人の徳を傷つけるようなことがあっては尚更相済まないことで、わたしくしの性質として到底しのび難いところである。今後十年か二十年経ってからならば、兎に角、退任早々の今、裏面史や秘話を刊行するということは、まづまづ遠慮すべきことと思われるのみならず、わたくしがかねがね蒐集してきた資料は、戦災によって住居もろともに烏有に帰してしまったので、著書を出すにしても、文献的の根拠をあげることができない。文献的の根拠をあげないような著書は学術上の価値が少いわけであり、学術上の価値の少いような著書ならば、何もこの際急いで出す必要はない。かように考えたので、知友各位の折角のおすゝめではあるが、わたくしは強くこれを謝絶してきたのである。ところが、市川船山、佐藤忠雄、土屋政三の三君はわたくしの知らぬ間に、折にふれてわたくしがいろいろ語った話の中から国会に関するものをノートとして置いたのであり、それにわたくしの旧稿類を整理して兎も角も一応原稿を取りまとめ、取り敢えず、これだけでもよいから是非出版せよと力説してやまない。

わたくしとしては、この頃はチャーチルの『第二次大戦回顧録』であるとか、若槻礼次郎氏の『古風庵回顧録』というような立派な堂々たる〔「堂々たる」に抹消線〕回顧録がでているのであるから、つまらぬものは出したくないのであるが、泣く子と地頭には勝てず、三君の友情と熱誠にほだされて、ついにその出版を承諾したのである。それが、即ちこの冊子である。こういうわけで、この冊子の刊行はもともとわたくしの本意ではなく、従つてまた自信をもつて江湖の御高評を仰ぎうるようなものではないが、もし大方の一粲を博して、いささかなりとも民主政治の確立に寄与し、かつは戦時中以来、疎開や戦災等によつて、お互の住所の知れないところから、心ならずも疎遠に打過ぎた辱知各位と旧交を温めるのよすがともなるならば、まことに望外の喜びとするところである。わたくしは、この機会に、この冊子の生みの親ともいうべき前記三君の労を多として深く感謝する。

もしそれ、かゝる冊子に対して、御懇篤なる序文を寄せられた衆議院議長幣原喜重郎先生の御高誼に至つては、わたくしの衷心感佩の至に堪えないところであつて、ここに深厚なる感謝の意を表するものである。国家最高機関たる国会の衆議院議長として先生をいただくことは、民主日本の誇りでなければならない。わたくしは先生の無量寿と今後の御健闘を祈らずにはいられない。また、参議院事務総長近藤英明氏は今回特に序文を寄せられたばかりでなく、わたくしの在職中、二十年の久しきにわたつて誠心誠意わたくしに協力せられたのであつて、わたくしが貴族院書記官長ないし参議院事務総長として大過なく職責を遂行することができたのは、偏に同氏協力のたまものである。この機会において、わたくしは同氏年来の友誼に対して厚く御礼申上げたいとおもう。参議院事務局職員各位に対してもまた深く感謝の意を表したい。在任中並に退職に際して、諸君がわたくしに寄せられた御厚情は老骨にしみて有り難くおもう。思い出多い国会を去つたが、わたくしはまだ若い。若い諸君とともに、若い諸君の先頭に立つて、祖国の再建と民主化とのために挺身するだけの情熱と元気をもつている。今後、多少なりとも諸君の御役に立つて、諸君の御厚情に報いたいと偏に念願している次第である。いささか、本書刊行の由来を述べて自序とする。

昭和二十五年五月三日

日本国憲法記念日に際して
小林次郎識

国会生活の思い出　目次

△六月五日の徳川議長の謝辞　△賈似道　△終戦の勅語奉戴の決議文
△運転手に詫まられた話　△新憲法についてのエピソード　△参議院議員の在り方
△参議院の構成に就ての一案　△参議院の事務総長か衆議院の事務総長か　△総理大臣の指名
△責任を負う人　△議事堂の話　△沖縄の思い出
○沖縄帰属問題の史的考察
○青少年学生諸君に訴う　長野中学校五十週年《ママ》紀念式に際して
○国会議事堂案内
○小林先生について――跋に代へて――船山　市川正義

〔欄外書込〕
〔市制（四十四年四月七日法律第六十八号）改正十五年六月二十四日法律第七十四号
第三十九条の二
勅令ヲ以テ指定スル市（第六条ノ市ノ区ヲ含ム）ノ市会議員（又ハ区会議員）ノ選挙ニ付テハ府県制第十三条ノ二、第十三条ノ三、第二十九条ノ三及第三十四条ノ二ノ規定ヲ準用ス、此ノ場合ニ於テハ第二十三条第三項及第五項、第二十五条第五項及第七項、第二十五条ノ三、第二十八条、第二十九条、第三十三条第一項並第三十六条第一項ノ規定ニ拘ラス勅令ヲ以テ特別ノ規定ヲ設クルコトヲ得、
市制町村制施行令（大正十五年六月二十四日勅第二百一号
第三十二条衆議院議員選挙法施行令第八章、第九章及第十二章ノ規定ハ市制第三十九条ノ二ノ市ノ

市会議員選挙ニ之ヲ準用ス

衆議院議員選挙法施行令（大正十五年一月三十日勅令第三号、改正大正十五年六月勅令第二百三十八号）」

徳川家達公

徳川家達公はわれわれの批評以上の人であつた。

明治憲法をつくつた人は伊藤博文公であり、これを民間に宣伝した人は大隈重信侯であり、実地にその運営の形をつくり上げた人は、少くとも貴族院に関する限り徳川家達公であつた。

公は非常に豪腹な一面、几帳面な親切なユーモアーに富んだ方であつた。

貴族院議長の席に在ること三十年、実に議長になり切つて居られ、議長の職を心より楽んで居られたように見受けられた。

八歳の時からイギリスの学校に入り、たまたま下宿屋のおやじ〔Mr.Cormer〕が政治の好きな人で、近所の人々を集めて擬国会をやり、自分が議長をやつて居たのを始終見て居られたとの事である。生粋の議会人と云える。

公が豪腹であられた一例として、今議員をして居られる**河井弥八**さんが書記官長をして居られたとき、厳正公平過ぎたと云ふので研究会が多少煙たがつたことがあつた。それで研究会から書記官長排撃運動が始り、しきりに議長のところへ云つて来た。しかし徳川議長は何と云つて来ても、河井はやめないよ、と云つて一切採り上げられなかつた。今でこそなんでもないようだが、当時の研究会は万年政府党〔と云はれ〕、全体の過半数を占めて大した勢力であつたので、これは仲々腹の坐つた人でないと出来難いことであつた。

非常に几帳面な方で、とくに時間の観念が厳格で議会は一分と遅れることがなかつた。それが近衛文麿議長の時から議会に於ける時間が乱れ、殊に新国会が始まつた頃は、正確に開会のベルを鳴らすと小学校のようだとか、貴族院式だとか云つて嫌われる様になり今日に至つて居る。もう少しスッキリと正確に事が運べないものかなあとの感が深いものがある。

公は出身から当然とも云えるが、ソーシヤル・エチケツト（社交儀礼）のことを厳重に云われた。外人を議長の官邸や私邸によばれることが度々あつたが、その際席の都合をつけては若い書記官を順々に招かれた。今日は燕尾服に白ネクタイ、今日はスモーキング、ヂヤケツトに黒ネクタイで来い、などと細い点まで注意して下される。

又和服で来い、と云われることもある。ある日も和服のとき、大嵐にあつて、新調の仙台平の袴や羽二重の羽織を、めちや〳〵にしたとこぼして居た人などもあつた。これは日本人が外国人と交つて引けをとらせないための訓練をする積りであられたのである。

イギリスの政治家は後進を立派な政治家に仕立て上げることに非常に力を用〔ひ〕るそうだが、公にもそんな所が多分にあつた。

公について一つ面白い話がある。公は何んでも食べられたが、たゞトロロだけは〔お〕嫌いであつた。或る日お孫さん達を連れて沼津に行かれた際、宿屋で食前に一席訓示して「若い者は食べ物に好き嫌いを云うようでは駄目だ」とやられたところ、膳が出されてみるとトロロがのつているので、これには公も弱られたが、仕方なしに黙つて飲まれたそうである。

公はまたユーモアーに富んだ方で、手紙を下さるのに英語を日本字にあてはめて書かれたので相手は一寸まごついた。例えば、グリーテングス・フロム、キヨウトと云う所を倶里・天狗巣、風呂無、京都と云つた風に、また「御存知より」（ユーノーミー）とやるところを「テーカツプ」即ち湯呑とやられた。

こう云うゆとりのある政治家のない現代は寂しい極みである。

公が生粋の議会人として、また打つてつけの議長として議〔事〕に慣れていられたことは三十年も議長にあられた関係上当然であ〔らう〕が、議員も本当に「議長らしい議長」として一目も二目もおいて敬服して居たようだつた。何しろ、最近の議長さんは不慣れのせいもあつて議事進行の覚え書を書いて貰つて、その通り読めばよいようになつており、世間ではコップの水を飲む所まで筋書に書いてあるとさえ云つて居るが、徳川は公はなにしろ三十年もやられただけあつてその日の議事日程一枚だけもつて壇上に上り、見事に議事を裁かれた。今とちがつて読会制度が行われ第三読会まであつて複雑であったが、三十年の間一度も間違われたことがなかつた。勿論、議院法、規則、先例は勿論議員個人のことを、全部詳しく知つて居られた。あの当時は法案は特別委員会に付託されるのであつたが、その委員の指名は議長に一任されることが多かつた。

その際徳川公は茶目気を出されて、ある委員会は頭のハゲた人ばかり、ある委員会は揃つて背の高い人ばかりと云う風にされることなどもあつた。これが党派に公平で平等の原則にかなつて却つて好評であつたこともあつたが、他面真剣に議会政治の改善と云うことに意を用い居られた。今の常任委員会の制度は徳川さんが貴族院議長の末期に主張されたことが実現したものと見て差支えない。

〔欄外書込〕

〔ニューyork ノ公園（オペリスクノアル）〕

原敬氏

原さんには議場でお目にかかつた位で、直接ものを云つたのは一度しかないが、力強い政治家との印象を受けた。いわゆる本当の指導者と云つた風格があつた。自ら具つた威厳には党内でも原氏に敵意をもつ余裕がなかつたようである。

わたくしは子供の時から「原さんに対抗するやうな政治家になりたい」と云うことを考えていたが、政治家たることの困難なことがだん〴〵解つて来てそう云う考は非望であることが解つて来た。

原内閣の組閣の際、元田肇氏が内心、内務大臣を期待して居たところ総理から鉄道大臣の交渉があつた。元田氏が「鉄道では……」との意を漏らすや、即座に「それなら他の人にします」とハツキリ言い切つたので、その鋭い気合にはさすがの元田氏も圧倒された、と云う話がある。又こう云う話もある。**上野安太郎君**と云う人、この人は古い議員で司法勅任参事官の交渉を受けた時に、「私は法律は不得手でして……」と云うや原氏曰く「法律を知らぬからなつて貰うのだ」と万事この調子であつた。豪腹な、線の太い、身だしなみのよい、例えばあの真白い頭の髪を毎日のように刈ていつもきれいにキチンとしていられ、ネクタイは赤いのを用いて居られた。虎之門の傍の大場と云う理髪店の職人の話によれば、右の耳の後に黒い毛が一固りあつたそうだが、それが目立たぬやうに殆ど毎日髪を刈つて居られたのだそうだ。

〔欄外書込〕

〔海上日出（勅題）

昭和十七年十二月三十一日大本営は内密にガダルカナル島の撤退を決議した

転進を重ねし年暮れ

南の海に出づる日

仰ぐ喜しさ
（39・11・12）

加藤高明伯

原敬氏の相手は憲政会の**加藤高明伯**であつたが、この人は長州閥に徹底的に反対した人で、当時羽振の最もよかつた**山県有朋公**の門を一度をくゞつたことがない位であつたそうである。

思い出すが、当時友人の**伊礼肇君**が沖縄から代議士に出ると云うので、この人はわたくしの下で見習をしていたことがあるので、わたくしが憲政会に入る紹介をやつたことがある。

加藤氏曰く「何故憲政会に入るか」

伊礼君「沖縄は他県に比し薄遇を受けていたので、せめて他県並にしたい」

加藤高明伯「それならやめ給え。われわれが天下をとる見込みはない。むしろ政友会に入り給え」

伊礼君「政友会へ入るならあなたに御世話になりません」と云つて帰りかけると、「待て、入つて貰うことにしよう、入党の紹介者はだれだ」

伊礼君「総裁になつて下さい」とやつた。傍に居た**下岡忠治氏**が周章てゝそれは大臣以上でなければだめだよと云うと、加藤総裁が「わしがならう」と軽く引受けて下さつたそうである。伊礼君は今でもその時のことを感謝して居る。

後に加藤さんが組閣の大命を拝され護国寺の**大隈侯**の墓に礼詣りに行かれた時、護衛の前田警部補が、山県公の御墓はこちらですがと云うと、一寸と行きかけられたが、止めて、御宗旨が異うと云つて、その儘自動車に乗られたそうだ。

今日カツコ州の上院議員

あの頃は日本が興隆の一途をたどつている時で、政府は政府で勉強し、政党も**江木翼氏**等の如きが在野党であつたが実によく勉強して居られた。貴族院の事務局もそう云う空気の中に在つて少数の人員で夜遅く迄よく精を出した。今とちがつてその日の速記はその日の中に原稿を全部作り上げて印刷〔局〕へ送ることになつていたので、速記課長であつたわたくしは全部それに目を通し終るのは午前二時三時になることも屡々であつた。今は労働基準法と云うものがあつてそうは行かないが、国家興隆の意気に燃えているときは今日此頃のようなものではなかつた。

思い出すが或る〔夜〕十二時頃本会議の速記の最後の部分がわたくしのところえ廻つて来た。その中に「今日カツコ州の上院議員グラウンデージ氏が云々」と言うところがあつた。これは江木氏の演説であつたが、わたくしはすぐ不審に思い、いくら江木氏が早耳な人であつても今日米国で演説したことがすぐ判る筈はない、と思つた。それで江木氏の行方を捜したが一寸とも分らぬ。もう図書館の係員も帰つている。それでわたくしは図書館の書庫の鍵を預つて居る加藤と云う人をその住居の太子堂から呼び寄せ、書庫からステーツマン・イヤーブックを出して貰つて、アメリカ上院議員の名を調べ、コネチカツト州〔傍線小林〕選出の上院議員のブランデジー氏の名を見つけ出したときは、涙が出るほど嬉しかつた。あの頃は一寸したことでも苦労したものである。間違つたことが永久に国会の文書に残ることを防ぎ得たことを思うとどんなに夜遅くなつてもその労はいやされて充分であつた。江木氏は既に前にな

くなられ〔7・9・18死去〕、ブランデジー氏も〔オリムピツクノ委員長トシテ活動シテオラレル（39・11・12日）〕

花井卓蔵氏のこと

花井と云う人はえらい人であつた。弁舌も大したもので、代議士を永くやつている中に鍛えた鋭い肺腑をえぐるやうな質問を放つた。

先生の癖として、言葉を非常に簡略し、言葉の重点を強調するので聞いているわりには、速記録に表われるとまずいところがある。それであとになつてよく速記に手を入れに来られた。衆議院では速記に手を入れることを許していたそうだが、貴族院では速記者の速記した原稿に手を入れることは許さぬ方針にしていた。ある時速記課長をやつていたわたくしのところに来られて克明に原稿に手を入れられたが、わたくしはその手入れを無視して速記原稿のまゝ印刷に出してやつたところ、速記録を見た先生が大変におこつてわたくしのところに来て、「貴族院の速記はなつておらん」とのことであつたので、わたくしは速記者を呼んで速記符号で書いた原稿を読ませ花井さんに聞いて貰つた処が、一寸も間違つていないことがわかり、最初は大変な権幕であつが、解るとアツさり諒解して、それきり文句を云われることがなかつたのみならず、貴族院の速記録に絶対の信用を置かれた。その時物わかりのいゝ人だとつくづく思つた。それが瓦斯の事故で不慮の死を遂げられたのは返えす／＼も残念なことであつた。

若槻礼次郎氏

若槻さんは頭の聡明な人であつた。しかも喜怒を色に表はさない人であつた。どんなに相手が激越な口調でやつて来ても平々端々と松江の訛《なまり》でエーコトワエー、ワロイコトワワロイと片附けていられた。ロンドンの軍縮会議でシビル、アドミラル（市民提督）とアダ名を貰つたことは世人のよく知るところである。海軍のことを隅から隅までよく知つているので、こう云う偉い人が日本にもいるのかと向うの人達がびつくりしたらしい。

若槻さんは小供の時から喜怒を色に表さないので有名であつたがこう云う話がある。松江の小学校に通つていた時、学童友達のうちにイタズラものがいて「一度若槻を怒らせてやろう」と云うので学校からの帰りのドブに押し込んで本をメチャ苦茶にさせた。それでどうするかと思つていると若槻少年はやおら起き上つてぬれた本を包んでニヤリと笑つて行つた。こう云う所に天性としての偉さが表われている。

わたくしの思い出としては、〔十九年五月五日〕徳川家達公〔がなくなり昭和二十年の〕一〔周〕忌に追悼〔「演説の」を抹消〕会があつたことがあつた。その時牧野伸顕さんが演説されることになつていたが、何分年寄のことでもあり、風邪を引くことがあるかもしれぬから、もう一人決めて呉れ、と云うことになつて、それでは三党首会談の関係もあり若槻さんがよかろうとわたくしが云つたのでそう云うことになつた。それでわたくしが伊東まで若槻さんを尋ねて行つた。すると若槻さんの云われるのに、徳川さんは多少知つている。しかし今更軍縮会議の時のことを話しても、軍拡時代に入つた今日ぴんと来ない。結局徳川も若槻も馬鹿だと云われるだろう、と云つて拒絶せられた。それではわたくしの務めが果されぬ、まあ〳〵そう云わずにと頼みこんでやつと〔「渋々」を抹消〕承諾して貰つて帰つた。その時静岡の学友会の出したもので徳川さんのことを書いた記事を参考のため置いて来た。ところが〔追悼〕会の日が来て若槻さんの演説があつたが、四、五十分の間実に適確にして要領を得て徳川さんを浮彫《ぼり》にした実にこれ以上にない堂々たる立派な演説であつたのでわたくしはしみ〴〵偉い人だなあと感服した。

若槻さんは酒を好まれる人であつたが、一杯やると益々頭がさえる人であつた。わたくしは最高裁判所長官の制度が出来たとき若槻さんのような人があつたらまことに適任だと思つた。「憲法の番人」は一流の政治家であることが大切で、その意味で健康さへ許せば年長の人でいゝから立派な政治家を迎えるのがよいと思つていた。今で云えば**古島一雄**さん、**小坂順造**氏とか云う程度の本当の政治家としての経歴をもつた、年とつた人がなるのがいゝと思う。

貴族院開闢以来の大論戦

わたくしの今迄接した貴族院の論戦で最も印象の深いのは大正十二年三月五日若槻礼次郎氏と花井卓蔵氏の陪審法の可否をめぐつてなされた討論であつた。加藤〔友三郎〕内閣時代であつたが、何しろ画期的法律で社会的にも相当の関心を集めたが、花井氏は法案支持の立場に立ち、若槻氏は反対の立場に立ち論戦を張つた。各々二時間づゝやり、夜半十二時過ぎ迄かゝつた。これは貴族院始まつて以来の論戦といはれた。しかもその材料は共に**井上毅子爵家**の文書であつたのである。

多勢に無勢陪審法は通つたのである。

「も」のあるなし

財部大将が海軍大臣のとき、輔弼の責任が国務大臣以外にもありや、という問題が起つた。旧憲法の解釈からはないと思はれるが、軍縮の問題に関連して議論が起り、輔弼の責任が大臣にあることは間違いないが、軍部の中ではそれ以外にも、即ち軍令部長や参謀総長等にもあるとの解釈が起つて、〔大正十四年一月三十日の〕本会議にお〔いて〕大臣の答弁があつた。〔翌三十一日海軍省政府委員刑部斉氏が〕「大臣〔に〕」の次に「も」の一字を入れてくれと云つて来た。われ〳〵は断じてそれはいかぬと頑張つてとう〳〵われ〳〵の主張が通つたが、財部大臣もあとで「あれはあれでよかつた」とわたくしに感謝してくれた。国会の速記従事者としての生き甲斐はこんなところにもあるもので、職場の性質や、その地位に拘らず、本当に国のために尽す積りでやれば国家の御役に立つ余地は各所になるというのがわたくしの信念である。

加藤友三郎大将

わたくしのように三十年も議会に在つて政治家を見て居ると、この人は総理大臣になれる人か、なれない人かゞよくわかる。その顕著な例が加藤友三郎さんだ。丁度大正十年わたくしが欧洲よりの帰りに、賀茂丸の上で、国際連盟の会議から帰朝の途路にあつた**大角岑生少将**と懇意になり、時々人物月旦をしたことがある。その時わたくしが大角さんに当時の閣僚で総理になれる人は加藤友三郎君だ、と言つたところ、大角さんは「あれは軍令系統だから政治方面には出まい」とのことであつた。ところが帰つて間もなく加藤内閣が出現した。数年後大角さんが海軍次官のとき追浜で飛行機を貴族院議員に見せると云うのでわたくしも行つたが、その時大角中将は

「ホントにあなたの云つことが当りましたね」と笑つたことがある。

総理になれるだけの人はあせらずにも時が来ればなれる。人はあせつては駄目だと云うことを痛感する。

万国議〔院〕商事会議のこと

帝国議会時代において貴衆両院の関係していた国際会議が二つあつた。一つは貴族院の関係していた万国議〔院〕商事会議、今一つは衆議院の関係していた万国議員同盟である。前者はベルギーのブラッセルにあり、後者はウインにあつた。考え様によつてはイギリス派とドイツ派と分れていたと云える。貴族院の方はイギリス側、衆議院の方はドイツ側と云うわけである。その後両方が双方に加入することになつて貴衆両院から一緒に出るようになつて、お互に仲よくするようになつた。

外国に行つて向うの人と交ることは気持ちを大きくして、思い上りを少くする大変よいことゝ思う。

最初に万国議〔院〕商事会議に出て感じたことは、日本の方ではすべて会議をやる前に本会議で開会式をすませてあと委員会や本会議をやる仕組になつているが、向うは始めから委員会をやる。その翌日開会式をやる。一寸変に思つたが、開会式の意味が日本と向うでは違うので、向うでは単なる儀礼に止る。今度の憲法では日本も向うのやり方にほゞ近づいた。

親切なイギリス人

第一回にヨーロッパに渡つた時である。大正十年の春だつた。ロンドンの五月は年中で最も気持のいゝ時であるが、その日は丁度小雨が降つてうす寒い日曜であつた。わたくしはサウス・ケンシントンに滞在していたが、ビクトリヤ・アルバート・ミユジヤム（工業博物館）を見に行つた。丁度昼になつたが、ロンドンの慣例として街の食堂は開いていない。どこかやつているところはないかと人にも聞いて、ある街角の地下室に小さい店が一軒だけ開いているのを発見した。わたくしは助かつた思いで、その店の中の小さなテーブルの前に据り、メニユーを見てビフテキを注文した。そうしたところ肉が少し固かつたので、更に肉のパイを注文した。ところが、十二、三の女の子が「お前は先程肉を注文したのに、又パイを注文する。これは肉のパイであつて御菓子のパイではないがよいか」と云ふので、自分は「丁度歯を痛めているのでビフテキはおいしいけれども、少し固いからパイを食べたい」と云うと怪訝な顔をして引込んだ。ところがしばらくして店のおかみさんが出て来て「肉のパイを食べるのか、お菓子のパイと違うんですよ」と云うので前と同じことを返事するとやつと納得して肉のパイを出してくれた。わたくしは此の時英国人つて正直な国民だと思つた。日本では言葉の分らぬ人には同じものを二皿でも三皿でも出して金さえとればいゝと云う店もないではないような気がするが、わたくしの日曜日のロンドンで経験した店の人は実に行届いた親切な人であつた。イギリス人に対しては何となく、好感が持てる。

イギリスの王室

わたくしが日本の皇室に対しては絶対的の尊敬を払つているのは日本人として当然のことであるが、

以前には陛下と民衆の間を宮内官と云ふ人たちが切つて天皇を私する傾向があつた。わたくしはそれはいかんと云う意見で、人にも話したことがある。例えば、日比谷の交叉点で嵐の日電車の来るのを待つて居る時、赤い宮中自動車に泥をかけられて有難く思う人があるか、と云つたこともある。イギリスに行つて見ると皇室と民衆の間が実に親しい。街の子供が皇帝陛下の馬車につかまつて「ヂョージ〳〵」と云つて動かさない。こういうように親密で、これでなければいけないと思つた。こういう点からも英国の皇室制度を日本に紹介しようと思つて大正十年頃**コンラード・ギルド**《ママ》教授の「民衆と政治」と云う本を訳して出版したが、訳が下手だつたためか余り売れなかつた。

語学で尻尾を出した話

大正十年万国議〔院〕商事会議がポルトガルのリスボンで開かれたとき、書記官のわたくしは**伊沢多喜男氏**に同行して出席した。ボルドーからズードアメリカ会社の船でリスボンに着いた。ところがリスボンに着い晩九時頃、新聞記者にして記者に非ずと云う変手古な男がわたくしを訪ねて来た。団長に会い度い、と云う。団長の**井上子爵**はまだ来て居られない。伊沢さんはお前会へと云うのでわたくしが会つたがよく相手の云うことが判らぬ。それで「独乙語なら少し判るが」と云うとすかさず「自分は独乙の戦線に四年間居たので独乙語なら得意だ」と独乙語でベラ〳〵やり始めたのが、尚更よく分らぬので全く閉口した。あの時はいゝ加減にお茶をにごしたが、冷汗ものだつた。

ベルリンの少女

第一回目に欧洲に旅行した際、ポツダム橋の傍に骨董屋があつて、そこに立派な金縁の額に入れたルイドウデッチーの月の絵がかゝつていた。値段をきいて見ると一万マーク、当時の日本の金にして三百五拾円である。何とか少し負けて貰おうと思つて自分は言葉がそれ程自由でないので、人にも行つて話してみて貰つた。誰が行つても一万マーク。そこで仕方なしに買うつもりで店へ行つた。十三、四の女の子が居たが、それがわたくしに「お前の国のお金にすればなんでもないではないか」と云うので、わたくしはハッとしてこの小娘を見直した。ドイツと云う国は少女の一人に至る迄こう云う考えを持つているえらい国であると思つた。

伊沢多喜男先生

伊沢さんには学生時代から大変御世話になつた。この人のいゝところは若い人の頭をタヽいて下さることだ。われ〳〵の欠点を遠慮なく指摘して下さるので有難いと思つた。一緒にヨーロッパに行つたことがあるが、わたくしがスープを飲むとき音を立てると云つてやかましく云われた。そのくせ先生自身音をたてゝのまれるので心中穏やかでなかつたが、先生に言わせれば、わしは世の中の終りで、君らはこれからだと万事この調子であつた。しかし人の欠点をタヽいて直してやらうと云うことは余程の深切がないと出来ないことだ。

伊沢さんも大東亜戦争の始まるときは反対で、ハル・ノートが来たとき枢密院で**東条**、**東郷**の二人のみの出席で打合会を開いた。数時間主として伊沢さんとやりとりがあつたが、結局は平行線を行く外はなくて戦争は始められた。たゞ戦争終結については、伊沢さんとわたくしは意見を異にした。氏の云われるには、チリーにアラウカノイ族と云うのがあつてインカ帝国と三百年間闘つた挙句とう〳〵勝つた事例がある。日本民族も最後迄やれば勝てる、と云われたので、それは時代が違うと云つてわたくしが頑張りその後終戦についての談は御互に避けることにした。

多くの人は氏を策士の代表のやうに云うが、わたくしはそうは思わない。

氏は昭和二十四年《ママ》八月十三日亡く〔傍線小林〕なられたが健康さへ回復すれば最後迄日本を救うために働き度いとの気概をもつて居られた。印度の**ガンヂー**と仏蘭西の**クレマンソウ**が先生の理想の人物であつた。

湯浅倉平先生

湯浅さんは本当に至誠忠誠の人であつた。内大臣を辞められる少し前、御目にかゝつた時に「近く伊勢神宮へ行幸される御供をすることになつている、私の心臓はくさつたゴムの様になつて、御供して行つても階段を上れないように思う。」といかにも残念そうだつた。その時すでに内大臣を辞められる積りで居られたらしかつた。その時、かつて**仲小路廉さん**――この人は寺内内閣の農商務大臣をした人だが――が湯浅さんに「大臣をやつて居ると、来る情報来る情報、悉く内閣の万歳を寿いで居る。自分が農商務大臣のとき、こう内閣が長く続いては身体がたまらぬと思つた。がその翌日寺内内閣は倒れた。大臣になつたら自分におべつかを云う人が多いから注意しなさい。」と話されたという話をして私を戒めて下さつた。それから間もなく職を退かれ、続いて逝去せられた。第二次大戦が始まる頃、湯浅さん等が生きて居られたならば、日本もこんなみじめな姿にはならなかつたのではないかと思われる。

浜口雄幸氏

浜口さんについてはいろんな評がある。極端なのになると偽善者だと云う人もある。然しこれは全然違う。

浜口さんの落選した総選挙の時であつたから第十五回総選挙の時だつたと思うが、沖縄から**伊礼肇**と云う青年が上京して来た。憲政会から立候補する予定で五千円選挙費を本部から貰つて帰つた。当時は憲政会、政友会、本党等で総選挙を争つたのである。伊礼君はまだ無名の青年であつたが、相手は県農会長をやつていた**神村吉郎**と云ふ大先輩であつた。当時沖縄は鹿児島と共に政友本党の金城湯池で、政友本党でなければ人に非ずと云つた風があつた。選挙たけなわなる時神村派は「伊礼は当選後憲政会に入ろうとしている」と新聞紙上で書き立てだした。ところが神村氏自身も他の筋から同様当選の暁には憲政会に入ると云う届を本部に出していると云う情報が入つた。それで伊礼派はその神村氏の入党届の写しを手に入れ度いと焦り出し、伊礼君はわたくしが沖縄で課長をしていた時の部下であつたのでわたくしに何とかして入党届を写真にとつて送つて貰い度い、とたのんで来た。それで浜口氏に会つてこの事情を話してお願いしたところ、じつとわたくしの云うことを聞いていた浜口氏はあの口髭の髭を静かに開いて、

「イケマセン。結局小策は破れます。」と云われた。

この一言には浜口さんの持味がよく表れてわたくしの印象に深く残り、今でもイケマセンと云う語調

迄はつきりと思い出す。やはり偉い人はその片言隻句にどことなくちがつた力がうかゞわれるものである。

ついでだがあの時は、四、五百票の差で伊礼氏は破れ、神村氏が当選した。浜口氏も落選した。神村氏は約に反して憲政会に入らなかつた。

両先輩に対する私の不満

一木喜徳郎、**湯浅倉平**両氏は共に内大臣として尽忠無比の人であつた。しかしその後奏請した人が木戸〔侯〕であつたのはわたくしの常に諒解に苦しむところであつた。本当の忠臣は自分の時だけでなく、死後のこと迄万善を期する。生きている間は忠義な人であつたが、あとに木戸〔侯〕の如き未熟な人を推薦せられたことは返す返すも残念なことであつた。

当時に於て適当な人が全々無かつたかと言うと、某氏の如き立派な人が居られたのだから全々人がなかつたとは云えない。わたくしはこの事を**伊沢多喜男氏**に御話したことがある。伊沢氏はそれに対して、何としてもそれには答えることは出来ない非常な事情があつた、今にわかる、とのことであつた。わたくしはいつかその事情をきゝ度いと思つたが、とう〳〵その理由をきくことが出来ずに伊沢氏は亡くなられた。

わたくしはあの時の人事について今でも諒解に苦しみ、尊敬する両先輩に対して誠に申訳ないが、不満を禁じ得ない。

結局、世の中では一番いゝ策は得てして行われぬものである。五つ対策があるなら、一番尻から二番目位のものしか行われぬものらしい。

公正な議員――松村義一氏

実業界の大先輩であつた**馬越恭平氏**は永年大日本ビールの社長をして居られた人だが、この人が九十才を越えて貴族院議員になつて来られた。実業界では押しもおされぬ重鎮であるが、議政府では全くの素人である。研究会に属していられた。ところが、今の参議院と違つて貴族院の議席は各派が入りみだれて爵位次第をもとゝした議席であつた。その研究会の馬越さんの隣の議席が公正会の松村義一氏であつた。この松村氏はもと警保局長をやつた人で非常に正しい愛国者であつた。ある時某問題について議場で記名投票する場面に出くわした。ところが馬越氏はまだ新参であるためよく判らないので、隣りの松村氏にどうしたらいゝのかと聴いた。松村氏は「私の方は青い票、あなたは白い票を持ちなさい」と云つた。馬越老人はよく判らないせいか怪訝な顔をし乍ら白い票を持つて行つた。開票の結果は白い方が圧倒的優勢で勝つて、研究会側から盛んな拍手が起ると、馬越さんも一緒になつて手をうつて喜こんで居た。

〔欄外書込〕
〔「虎之門事件」〕
〔昭和34、1、6死去、〕
〔「爵位次第」〕

一言居士

いずれの時代にも一口云わねば納まらぬ所謂一言居士と云うものがある。わたくしの経験では一番始めは**山脇玄**と云う人で、これは同成会の客員であつたが、この人はすべての機会に一言なかるべからずと云つた人であつた。演説はあまり上手ではなかつたが、後で速記録を見ると極めて立派な意見であつた。この人が亡くなると**清水小《ママ》一郎**と云う人が現はれた。この人は〔法務局長をやつた人〕で軍部の弁護者であつた。〔其の後主計中将三井清一郎〕この人の次には**高橋琢也**と云う人が現はれた。この人は沖縄の知事を最後にやつて議会に出た人である。その次の一言居士は有名な**田中館愛橘氏**である。ローマ字の持論でよく人を苦しめられたが、この人の速記には教えられるところが非常に多かつた。科学教育の尊重すべきことについて機会ある毎に発言された。第二次大戦の始まる前に科学が発達すればマツチ箱一つでニュウヨークを吹き飛ばすことも出来ると云われたが、我国ではその研究が出来上らない前にアメリカに先を制せられてわが国の大敗北となつたのである。一言居士の言亦大に尊重す可きである。

枯　淡

西郷従道侯が内務大臣のとき、神戸の開港記念式に行つて祝辞を述べた。ところが祝辞の中にわからない字があつたので、途中で傍の**水野錬太郎秘書官**（後の内務大臣）に「これは何と読むのか」と聞いて続いて読まれたそうである。普通の人なればこう云つた場合、周囲の体裁をはばかつて何とかごまかすところであるが、こう云うところにも小西郷の持味が現はれている。

わたくしの直接体験した所では、**高橋是清**さんが大蔵大臣のとき、議場で法案の説明をした。議場に「大臣違う、違う」との声があつたが、大臣は知らん顔をして説明を終つてすまして席に帰つた。ところが全々違う法案の説明をしていたので、やきもきして居た秘書官の**青木一男氏**（後の大東亜大臣）に注意されて再び登壇して「今のはちがつていました」と云つて別の法案を平然と説明した。

山本達雄さんはよく答弁の際「それは重大な御質問ですから、わたくしが説明するより政府委員に説明いたさせます」と云われた。人柄にもよるが、こう云う失言も却つて枯淡味を帯びて一種の風格を示す場合がある。

現存の人ではこう云う枯淡味を**幣原衆議院議長**に見出す。先般の国会開会式で一寸した失敗があつたが、率直にお詫びを申上げ、**天皇陛下**も「よし〳〵」とお許しになつたように見えたところなどは、幣原議長ならでは出来ない処である。普通の人だと何とか理窟をつけて弁解し勝ちなところである。

食い逃げ解散

昭和十二年二月**林銑十郎内閣**が出来てすぐの国会で、林内閣は政友会と民政党をだまして予算を通すや否や三月三十一日解散を行つた。世に之を喰い逃げ解散と云う。うまい汁だけすつてしまうや否や、これを棄てて仕舞つたと云う意味であらう。

この解散で被害を受けたのは白堊の殿堂である。今永田町にそびえる議事堂は〔二一、六〇〇〕を抹消〕万円で出来たものだが、今ではとても何程金をかけても出来ない。それを広田内閣の予算では六〇〇万円で今常任委員会の建つているところに五階建てのオフイス・ビルディング、今の議員会館の如きものを建てる予定であつた。これがだめになり、その後実行予算で毎年二〇万円づゝ継続予算をみつもつたが、これも戦争の始つたため駄目になつた。

今の議事堂は最初に計画を立てゝから約二十年かゝつた。

柳沢保恵伯

研究会にいた柳沢さんはえらい人であつた。研究会に居て、而も会を越えて、正しい行方を示す人であつた。当時研究会では委員会で法案の決をとる前に、会の意見を決める習慣であつたが、柳沢さんは反対で、党議の決まる前に委員会で決めてしまうことも度々あつた。この人が昭和十六年臨時議会の開会中予算委員長をしていられたが、尿毒症で急逝された。元来柳沢さんのあの万年野党的と云うか、是々非々の気持がわたくしにぴつたり合つて居たので、予て尊敬もし親しくも願つて居た。いつかベルリンで一ケ月許り御一処に居たことがあつたが、或る日**ビスマーク**がよく行つたビヤホールで簡単な食事をした際に、「おれは今勲二等であるがこれ切りでおしまいだ、君らはこれから勲一等にもなれるのだ」と若いわれ〳〵を激励されたことがある。

この柳沢さんがポツクリなくなられた。これは軍人が戦場で倒れたのと同じだ、と云うので勲一等を奏請した。その時次田大三郎氏が法制局長官であつたが、即坐に「訓令叙勲で行きませう」と賛成された。即ち賞勲局総裁の採量を越えて命令で叙勲しようと云うのである。かくて貴族院議員の経歴しかもたないひとの勲一等が初めて実現したのであつた。但し残念なことには旧来の形式的な考えが抜けきらないで、書類上では統計に関する功績も合せて一本と云うことになつたのである。

〔欄外書込〕
〔優諚問題　昭和四年二月二十三日　柳沢伯の演説内閣総大《ママ》臣の措置に関する決議案　二十三票で反政府系が勝つ〕
〔昭和11、5、25死去〕

正直な人

次田さんには平素から親しくして、「貴族院どこへ行く」のテーマで数人でよく話し合つたものだが、そんなときに貴族院議員を永くやつた人で大臣にもならず、いわば世間にかくれて国家に功績のあつた人を何とか国として待遇しようと云うことも話し合つた。例えばこの**柳沢さん**とか青木信光子とか云う人がそう云う例であつた。枢密顧問官にするがよかろうと云うのがわたくしの意見であつたが、当時は親任官をやつた人でなければ枢密顧問官にはなれなかつたのでわたくし達の考えも空想に終つていた。次田氏が法制局長官になられてしばらくして、わたくしのところに氏から「柳沢伯の略歴も書いてくれ」との連絡があつて、何のことか別に気にも止めずに書いて送つたが、それからしばらく経つて柳沢さんが急逝された。それで前述の如く訓令叙勲で勲一等にされたわけだが、そのあと柳沢伯の女婿の**岡本季正**〔君〕が広田首相のところに御礼の挨拶に行つ処《ママ》が、**広田首相**は「他に考えていたこともあつたがそれが実現出来なくて残念であつた」と話されたと云うのでその足で岡本君がわたくしの処え《ママ》礼に見えて何のことでせうと云う話があつた。これはわたくし共の在野人としての柳沢さんを顧問官に奏請すると云う放談を、真剣に次田さんは考えて広田首相にも伝えて居られたのだろうと思う。

〔欄外書込〕
〔35、9、15死去〕

古島一雄先生

古島先生は何になろうという気持の一つもない人だ。何の欲もない。ほんとの枯淡と云つた感じの方である。欲がないから人に対して遠慮がない。野心がないからどんな言いにくいことでも遠慮なく云える。大体浪人を数年するとどことなく曲つたところが出来るものであるが、古島さんにはそれがない。淡々として只国を憂ふるといつた形だ。

わたくしは一度古島さんに揮毫を御願いしたことがある。わたくしの注文の字は

人無風趣官常貴、兀有詩書家必貧

というので〔「うので」を抹消〕あつて、普通は風格のある人は、自分の地位も自然に高くなる。又机上に詩書があり教養を積んでいれば自然に家は富む、と言う訳だが、これはその逆を云つた文句だ。ところが古島さんの下書には無を有と変えて人有風趣と書いていられる。わたくしはそれを見たときハツとしてほんとに古島先生は素直な方だなあと思つた。自分ももつと素直な人間になり度いと思つている。

〔欄外書込〕
〔27、5、26死去〕

ロシヤ人の親切な話

わたくしが二回目にヨーロッパに行つた時、モスコーに一週間滞在したことがあつた。ロシヤ語で話が出来ないので、通訳をボックス〔後のイントラーリスト〕でたのんで見物に出かけた。ロシヤの午後は早く日が暮れる。その日ももうぼつ〳〵暗くなりかけていた。ある骨董屋に入つて見た。その店で手頃なシシユキンの風景画が目に入つた。実にいゝ絵だつたのでこれを三〇〇ルーブルで買うことにした。ところが骨董屋の云うには外国人に対しては輸出税（〔エクス〕ポート・タクス）を課税することになつているから三割余計によこせと云う。通訳も骨董屋もすべて役人である。一所懸命二人で議論しているので、何しているんだと聞くと、通訳が「輸出税を払えと店が主張するが、あなたは外交官旅券を持つて居られるから払う必要がない。」と云うので、僅かなことだから払つて帰ろう、と云うと通訳氏どうしても出す必要はないと云つて遂に、ボックスに電話して裁定して貰うことになり、しばらく待つているると裁定が来て税は支払うに及ばぬと云うことに決定し、通訳の努力で九〇ルーブル助つた。

共産主義をうす気味悪く言うけれども、ロシヤ人個人はやさしい親切な人達だと思つた。

革命とチヨコレート

二度目に独乙に行つたとき、ベルリンで「サロッチィ」と云う一番優秀なチヨコレート屋に行つて沢山チヨコレートを買つてロシヤに入つた。ロシヤで通訳が大変よくして呉れたのでこのチヨコレートをやつたところ、非常に喜ん〔で一生の内にこんなに菓子を見ること出来まいと思ってたと云った。〕革命で困つていたときであつたので仲々そう云つた優秀な菓子には親しむことが出来なかつたのである。先日も新宿の某菓子店に行つて見ると仲々立派なチヨコレートがあつた。その時わたくしはロシヤ人がわたくしがもっていつたチヨコレートを大変喜んだことを思い出した。われ〳〵も戦時中〔もう〕一度でも甘味な菓子を食べたいと思つたことが、あつたが、もうそう云うものの手に入る時になつた。戦争とか革命とか云うものが個人生活に及ぼす影響がいかに大きいものであるかと云うことを泌み〴〵と感じる。

フィリッピン協会の出来た話

昭和八年〔六月〕南洋諸島の委任統治の状況視察のため議員団が派遣されることになり、わたくしも一行に加つて行つた。ついでに比島に行くことになり、ダバオまで日本の船で行き、二、三日滞在してフイリツピンの船でマニラ迄行き一週間滞在した。その間朝野の人達と懇談する機会があつた。当時は丁度マグダフイ・タイデングス・ローが実施されんとしており、その法律の結果、比島が独立すると云うので、比島人も相当熱狂していたときだつた。そこへわれわれが行つたので東洋の先進国の賓客が来たと云うので敬意を表し度い気持でもあり、日本の援助を求めたい気持でもあつた。

ところでマニラは人口も尠いし、名士と云つてもその数が限られているので朝昼晩とも会う人は大体同じ顔振れであつたが、それ等の人達と話し合つているうちに、いろんな援助を求められるが、それを処理するために何か日比協会と云つたようなものが出来れば好都合だと思つた。それで帰朝後外務、文部、陸海軍の人達と相談して組織することにした。この協会はわたくしと二、三の人が中心となつて五年位かゝつて〔昭和十年八月〕出来上つた。われ〳〵の気持ではどこまでも文化的にやるつもりで、その設立趣意書にも云つてあるように軍事の事なぞは一寸も関係のないことであつた。

今でも比島の人は友達である。〔戦争になつてから〕軍人はこの協会に余り相談には来なかつた。〔素人が政権を握ると軍人に限らず自分よりも力のある人の意見をきくことを嫌うものである　「布引丸事件」〕

〔欄外書込〕

〔ミス　フィラール　ミセスノルマンデー〕

〔ケゾン　オスメニア　ラウレル〕

飛行機の話

わたくしが飛行機に始めて乗つたのは立川で、次に追浜で二度目に乗つた。いずれも軍の飛行機で、上空をぐる〳〵廻るのみであつた。ついで三度目に欧洲に出張したとき同行の海軍の将校とパリーのル〔・〕ブ〔ー〕ルジ〔エ〕からロンドンのクロイドンまで飛んだ。前の晩パリーで芝居を見ておそく旅館に帰つて見るとロンドンの海軍のアタッシェから電話の連絡があり、二十年来の大暴風雨で明日も余波が収りそうもないから汽車の方がよかろう、との話であつた。それで飛行機の予約を取消そうと思つていると宿の番頭が云うのに「明朝飛行場に行つて危いようなら飛行機は出ないから……」と云うので、それもそうだと思つて眠つた。朝になつて悲壮な気持で飛行場迄行つてみると、女の子がラケツトを持つて平気な顔をして乗つているのをみて意外な気がした。いよ〳〵決意してわれわれも乗つた。地上を離れる時は所謂羽化登仙の思いであつて愉快であつた。そのうち追々に揺れ出して気持が悪くなり、乗客の中には吐いた者もあつたがわたくしは幸に吐かなかつた。普通一時間で飛ぶところをその日は二時間かゝつてやつと着いた。われ〱の飛行場に対して抱く気持とヨーロッパ人の気持では可成開きがあるように思つた。

〔欄外書込〕

〔フイリピンヘラルドのフアロラン〕

シ〔「ュ」を抹消〕ロッス・ミュージアム

一九二四年九月の或る日、わたくしは宮本大佐と伯林のシロツス・ミユージアム見物に出かけた。カイザーの王宮がミユージアムになつて居つたのである。第一次大戦の始まつた時カイザーがそのバルコニーから前の広場に集つた出征兵士を激励した家である。中に入つて見ると王宮ともあろう物が装飾品が極めて貧弱である。わたくしは素人であるがわたくしが欲しいと思うような美術品は僅かに彫刻に二、三点あつただけで、絵画の如きは殆ど顧るに足るものがなかつた。そこでわたくしは宮本君に云つた。「文芸とか美術とか云うものは国力の要素ではないかも知れぬが国力充実のバロメーターにはなる。カイザーももう少しわたくし共の欲しいと思うような美術品が国内で出来るようになつてから第一次大戦を始めたらアメロンゲン城え《ママ》追い払われずにすんだろうに」と。戦争の好きな人達には付ける薬がない。

近衛公とロシヤを語る

近衛公は聡明な人であつたが決断力に欠けて居られたようだ。すべては時が解決して呉れる、と云う機会主義的なところがあられたように思う。軍部についても時が経てば反省の日が来る、と云う風な考えがあつて、それがとう〳〵日本に禍いする原因となつた。わたくしは近衛公とゆつくり御目に掛つた最後は一九三四年わたくしがロシヤから帰つて来て間もなくであつたが、わたくしはロシヤが先年行つた時に比較して大変よくなつている、モスコーの街の如きは素ばらしい発展をして居る。どうしてもわれわれはロシヤを今一度見直さねばならぬと思う、と言つた。すると近衛公は「仲よくしようと言われるのですか、」と言われたので、わたくしは「喧嘩するにも仲よくするにももつとロシヤと云う国を研究せねばならぬ、今のようにたゞ視野の外に置こうとするのでは駄目です」と言うと、尤もだと云う風に肯いて居られた。その後は近衛公のせらるゝことゝわたくしの考えることゝの間に開きがありすぎたので、政治についいては話することを止めた。

松平頼寿伯

わたくしが貴族院書記官長に就任した当時多数の研究会〔員諸君〕の中にはわたくしを**伊沢氏**の子分と見て何かするだろうと心配をして居た向もあり、松平頼寿議長もとんだ者を抱えたと内心心配して居られたようであつた。昭和十七年三月二十七日と記憶するが、わたくしは議長のところえ《ママ》「今日至急お目にかゝり度い」と電話をかけた。議長は今日は馬事協会にゆくついでがあるから貴族院で待つていてくれ、とのことであつた。それで貴族院で議長にお目にかゝり、わたくしはあの事で政府がもう一度押して来た場合には貴族院の権威、引いては議長の立場を殺すやうなことになるから、官長の地位を退きたいと申上げた。松平さんも「わしもやめる」と云われた。松平さんの心が期せずしてぴつたり私の心と一つになつたのだ。それ以来松平さんは小林と云う者を信用して総て任せて下さつたので、非常に仕事がしやすくなつた。あの事と云うのは――当時翼賛政治会の推薦選挙が貴族院で問題になつて**大河内輝耕子爵**が質問をすることになつた。この大河内さんと云う人は、当時世間で万年在朝党と云われてなんでも政府の云うことを支持する傾向のあつた研究会にあつて異分子的存在でよく政府を苦しめた人であつたが、その大河内さんの質問演説を政府就中軍部は何とかして中止させたい意向であつた。わたくしは貴族院書記官長として、自由なる議会の論議に制肘を加うるが如きは絶対反対であつたが、とにかく軍の威圧は大変だつた。その軍が質問演説を封じようとするのに敢てやろうと云う大河内さんの決意も相当なものであつた。わたくしは政府からの要求を事務的にわざと八条子爵を通じて本人に通じたが、大河内氏に中止の意思はない。わたくしはその旨政府に返事した。もう一度政府が中止の要求を押して来たら前述の如くわたくしも松平議長も辞職の腹であつた。結局のところ軍部も折れて、演説は行われたが、一時はどうなるかと思つた。

　松平頼寿議長は法律や学問に詳しくはなかつたが、正に大将の器であつた。

〔欄外書込〕
〔藤沼氏ノ誤解〕
〔昭和19、9、13死去〕

吉屋信子〔女史〕を拾つた話

大政翼賛会の性格につい《ママ》いて赤池濃氏が質問すると云うので問題になつたことがあつた。赤池氏の演説は非常に悲壮味を帯びてはいるが、得てしてエキセントリックになり易く、感情に隋《ママ》して問題を起し易いきらいがあつたので、当時の複雑な情勢の下にあつて、止めて貰つた方がよかろうと云うことになつた。それで**佐々木副議長、中川健〔蔵〕**氏及びわたくしの〔三〕人でやめて貰う交渉に出かけた。いろ〳〵話しても仲々承知されなかつたが夜の一時頃やつと話がまとまつた。それで帰ることにして青山を赤坂見付の方へ自動車で行くと〔二〕人の洋装の女が歩いている。この夜更けにと思つて、きいて見ると同じ方向に行くと云うので自動車に載せて上げた。大変喜んで〔事務所の坂〕のところで降りた。降り際に〔長身の方の人が〕運転手に御礼として五十銭紙幣を数枚渡そうとしたので、これは役所の自動車ですから心配に及びませんと拒つた。それで名刺を一枚出〔し〕幾度も御礼を云〔つ〕て行かれたが、〔二三年たつて〕みると名刺に吉屋信子と書いてあつた。

〔〇〕虎ノ門事件

大正十二年十二月二十七日の開院式の日のことであつた。うす陽のさす日であつたが、十時半儀政令によつてわれわれ貴族院の高等官は衆議院の構内で摂政宮殿下（今上）をお迎へするため、整列していた。ところが三十七、八分頃突然赤い御召車が非常なスピードで脱兎の如く門内に突進して来た。いつも先駆車があつて、あと御召車が来るのに、これはおかしいと直感した。見れば御召車の前のガラスに弾丸の跡があつた。大いに驚いたが、殿下はとみると泰然としていつもと変らず何の〔御〕障りもないように見えた。その御姿を見て何とも云えぬよろこびを禁じ得なかつた。早速当時の瀬古〔議事課〕長とわたくしは一緒に議場に在つた警視総監の湯浅倉平氏にこの事を知らせた。湯浅氏は蒼皇として警視庁に帰つて行つた。やがて議場では開院式がいつものように開かれ、十一時過ぎ式は閉ざされた。大多数の人は何が起つたかも知らずに式が済んで仕舞つた。摂政宮はかくて死線を突破されたのである。

殿下は平和の愛好者であられたが、これは人類に対する愛のみでなく、動物にも愛情を注がれた。かつて摂政宮として中国地方に行啓になつたとき、岡山の後楽園の御宿舎の傍に鳩がいて仲々人間に慣れなかつたが、殿下は自分がこゝに滞在している間に人間に慣れるようにして上げようと云われた。果して、殿下の五日間の滞在中に鳩は自づと殿下の掌の上にとまるようになつた。侍従長がその姿を写真にとつた。それを見てエリオツトという英国人が「ラブ・、コンクアース・オール」即ち愛はすべてに打克つ、という文字を書きこんだ。後年その文字の入つた複製を司法大臣の**木村篤太郎氏**が知人に配つたが、わたくしも一枚頂いている。終戦後よく外国人に日本の天皇はこう云う方であると説明するのにこれを使つた。

〔欄外書込〕
〔難波大助　ステツキ銃　入江侍従　山本内閣倒ル、〕

賊　軍

赤池濃さんは「千万人と雖も吾行かん」という気概の人であつた。その赤池さんにわたくしが賞められたことがある。それはあの二・二六事件のとき、わたくしが何か武勇伝をやつたというのである。わたくしには一寸その覚えがないので、何ですかと問いたゞすと、赤池さん曰く「あの日事件を起した部隊を一番先に賊軍と称したのは君だつたとのことだが真か」とのことであつた。二・二六事件の頃わたくしは洗足に住んでいたが、あの朝珍しく降つた薄雪を踏んで、いつものように議会に行こうとすると、虎ノ門のところで軍隊が非常線を張つて入れてくれない。それで、自分の仕事のことを話してやつと入れて貰つて貴族院にたどり着いた。終日**高橋是清翁**や、**斎藤実**氏に対する弔問や花輪を贈ることに追われて居たが、夕方頃衆議院から電話があつて「〔山口二〕太郎と云う大尉の人が来て七百五十名の兵隊の宿舎が欲しい、事によるとこゝを借りたい、とのことで中をよく見て行つた。御参考に通知する。」とのことであつた。その時はまだ今の白亜の殿堂ではなく、昔の日比谷の建物であつたが、わたくしがどの辺を見て行つたかと聞くと、東側を見て行つたとのことであつた。西側を見るのなら官軍の筈だが、と思つて不審であつたので一応戒厳司令部に電話できいて見た。「〔「今」を削除〕先〔刻山口〕大尉が七百五十名の宿所が欲しいと云つて来たが、官軍か賊軍か、教えて貰いたい。官軍なら貸すが賊軍なら貸さぬ、」と云うと、それは第一師団司令部に聴いて呉れ、とのことであつた。それで更に一師団司令部へ電話して同じことを繰り返えした。先方は「暫く待つてくれ」との話であつたが、なか〳〵返事が来ないので、今の事務総長、当時は書記官であつた**近藤英明君**と角倉志朗君〔傍線小林〕を使にやつて聞いて見た。ところが、行き違いに電話が来て「御尋ネノ件ハ形式的ニハ戒厳司令官麾下ノ軍隊デアリマス。然シ只今ノ如キ状況故、適当ニ御判断ヲ願イマス。何レニ致シマシテモ、貴族院ニハ玉座モアルコト故、御迷惑ハ掛ケマイト思イマス」とのことであつた。わたくしはこれは賊軍ノ意味ダ、と判断して「分つた」と云つて電話を切つた。その夜衆議院へ一応衛生材料を持つて来たそうだつたが壁がタイガーボード張りであつたので結局は使用しなかつた。わたくしが「賊軍」と云つた頃は、陸軍は「蹶起せる青年将校」とか「占拠部隊」とかいう言葉を使うのみで二、三日経つてやつと叛乱軍と云うことになつた。わたくしの考えでは、**天皇陛下**に味方するのが官軍で、陛下の命令に反対するのが賊軍と云うことでハッキリしていた。当時**河井弥八**さんが皇后太夫兼侍従次長をしていられたので、御目にかゝつて陸軍でか様なことをする以上、海軍でこれを討伐せられたらよかろうとの意見を申上げたが、こ〔のこと〕は海軍でも問題になり、審議の結果、陸海軍抗争の因となる、というので、結局陸軍のことは陸軍で形ずけることとなつた。あの時もし海軍で陸軍を制するという様なことが行われていたら、当時としては相当な混乱を招いたであろうが、却つて軍閥の跋扈を抑止し、大東亜戦争にもならず、今日のような惨めな日本とならずに済んだかもしれない。フランス革命の時、王朝か共和制かという大切な投票のときに、王朝派の一人が便所に行つたために共和制に決つた、というような話があるが、世の中の重大事の左右に分かれるのが、極めて簡単な偶然によると云うことが屡々あるものと思われる。

〔欄外書込〕

〔山口一太郎　36、2、23死亡〕

〔午后　書記官長長世吉氏一家ヲ築地六方館へ避難ス〕

川崎卓吉氏

広島の出身であつた当時の文部大臣の川崎卓吉と云う人は偉かつた。川崎氏の宅には度々教を受けに行つたが、ジーッとよく人のいうことを聞いて容易に口を開かぬ人であつた。そんな点で民衆相手の政治家としてポピユラーでなかつたとも云える。しかし二・二六事件のような大事の際に本当の人間の偉さが分る。あの日の朝は大臣でも行動はマチ〳〵であつたが、川崎さんは真先に燕尾服〔に勲一等の旭日大綬章をつけて〕参内された。〔死を覚悟してのことであったそうだ〕。あの人は中道で病に倒れられたが、政界でも惜しまれた人であつた。官吏が政治家として伸び得る可能性を示した珍しい例の人であつた。

〔欄外書込〕
〔天機奉伺ノタメ〕
〔十一年三月二十七日死去〕

目玉の松之助のような戦争内閣

戦争中の議会は葬祭の決議機関でしかなかつた。全く軍にリードされた形であつた。しかし貴族院としては政府の政策を謳歌することはしなかつた。十九年の終りに一度だけ戦争を謳歌するが如き決議を行つたことがある。が、これも実はわからずやの小数の議員に満足を与えること〻、戦力のもはやなくなつているのを一番よく知つて居たのは陸軍であつたので、逆戦法で行つたのであつた。これが兎も角も、貴族院が戦争政策に提灯持をやつた唯一の例外であつたが、大多数の議員は成る可く戦争を止めねばならぬことを考えていた。従つて政府には貴族院は怪しからぬ、との声があつたようだ。広島の爆弾で去くなつた**大塚惟精氏**がわたくしのところへやつて来て、陸軍の**武藤軍務局長**が衆議院の書記官長は軍を理解して協力してくれるが、貴族院の書記官長は無理解・非協力だからやめさせる、と云つていたから注意したらよかろう、と云つて呉れたこともあつた。わたくしはちつとも態度は変えなかつたが、大部分の議員もわたくしと同じ気持であつたと思う。早く戦争は止めねば日本は亡びると云う憂慮が多くの人を支配していた。一九年九月の終り頃、**徳川圀順氏**が議長になられてからしばらく経つた或る日の事、戦争終結のことについて徳川さんと相談の上、わたくしは外務大臣の**重光さん**のところえ《ママ》行つて、

「今や世界の大国は殆んど二陣営に分れていてどこも講和の斡旋をする実力のあるところがないから、いつそ日本の貴族院から米国の上院に講和の電報を打つことにしたいが御斡旋を願〔いたい〕」と話した。重光さんも大賛成であつたが、二、三日して「残念乍ら今のところ受入態勢が出来てゐない」と云つ拒つて来た。**ルーズベルト**を悶死させたと伝えられるヤルータ協定は二十年の二月出来たことを思えば残念なことをしたと云うことを思うのは、わたくしばかりではあるまい。

星野直樹君はわたくしと同期であつたのでよく会う機会があつたが、「いつ戦争を止めるんだ」ときくと、いつも「ドイツが何とかするからその時どうにかすればよいさ。」と云つた調子で、しつかりした見透しも自信もないようだつた。丁度昔はやつた目玉の松之助の立廻りのようにヤーヤー掛ケ声だけ大きく、あつちこつちとやたらに刄を振り廻していた、あれとよく似ていた。先々のことを考えるでなく、目前のことに追われて方針もなかつた。

徳川家達公のような人がもつと永く議長をつとめて日本の政治を監視していられたら、と思うことがある。ところが、いつの間にか新貴族が擡頭して自然に徳川さんの様な人を押し出してしまつた。新貴族のみならず新官僚、新軍人、新実業人、新操觚人、と云つたものが各方面に過激な思想を以てのし上つてしまつて、とう〳〵戦争に漕ぎ付け、国を滅ぼしてしまつた。やはり社会の進化は〔エ〕ボリユーシヨン（漸進的改革）、でなくてはいけないので、レボリユシヨン（革命）の行き方は危険である。

〔欄外書込〕

〔クラウゼヴィッツ　戦争の目的は戦うこと勝つことでなく戦後に戦争によつて後日有利な態■■を持続することである。〕

学匪か岳飛か——美濃部博士のこと

美濃部達吉博士の主張された天皇機関説がいゝか悪いかは別として、満洲事変が勃発して間もない頃のこと、軍部が跳梁跋扈していたとき、**蓑田胸喜氏**が美濃部氏の学説を批判して国体の尊厳を害するものとして、博士を学匪と誹謗し、貴族院議員**菊池武夫男爵**〔衆議院江藤源九郎氏〕をして攻撃せしめた。そうしたところ、美濃部氏はこれに対して一身上の弁明をしたいと、わたくしのところに申入れがあつた。そこで当時の議事課長の**近藤英明**〔君〕が交渉に行つて、相手が学者ならいゝが素人が云うのをいちいちあなたが取上げても仕方がないではないですか、却つて問題を起してあなたのためにならぬのではないですか、と云つた。ところが、博士が云われるのに、美濃部個人が馬鹿とかなんとか云われるならどこまでも忍びます。しかし、いやしくも学説として国体違反だと云われては学者としてどうしても闘わねばならぬ、とキツパリ云われた。それで〔二月二十五日〕一時間以上にわたる大演説をやられて、〔十年九月〕辞職された。

その時わたくしはその男らしい態度に、学匪どころか、**岳飛**の化身だと思つた。。

〔欄外書込〕
〔昭和十年二月第六十七議会〕
〔昭和十年九月辞任（39、11、12）〕
〔国体明徴問題〕

中野正剛の死

中野氏はわたくしは一面識の程度で余り知らない。はじめ大陸政策を強く主張した中野氏およびその東方会の一派は中途から東条閥が横暴のため意見の阻隔を来し、以来軍閥とイガミ合う様になつた。昭和十八年の臨時議会の始まる前、憲兵につかまつたが議員の特権で議会中釈放され、議会が終ると又逮捕されることになつていたが、会期の終らんとするある日、日本刀で腹を切つて死んだ。そこでわたくしは下手ながら氏を葬ろう歌をつくつた。

　戦人《いくさびと》腹切らぬ世に戦人ならぬ君はも腹切りてけり

歌にはなつていないだろうが当時の気持は表れていると思う。

書記官長官舎の焼失

昭和二十年五月二十三日の夜から暁にかけて麹町区永田町にあつた書記官長官舎に四十九発焼夷弾が落ちた。その中十五発が不発、あと全部発火し、家屋内五ケ所で発火した。それを家内中のものが、小さい給仕の女の子まで協力一致、懸命に消しとめた。隣りの衆議院の書記官長官舎は焼けて仕舞つた。いさゝか焼け残つて得意であつたわたくしは、所要のため長野へ出掛けた。居残つた者は子供が一人。ところがその翌晩又空襲となり、何分子供一人だつたので焼けて仕舞た。前晩は水も出て消火に都合よかつたが、その日は水も出ず、どうしたせいか非常な高温度であつたため、何物をも取り出すことが出来ず、ほんとうの無一物になつてしまつた。前晩の気持がつい油断となつた。心の驕りはいかぬということをしみじみ感じた。

六月五日の徳川議長の謝辞

鈴木内閣が出来て間もない昭和二十年六月五日、総理大臣官邸に貴族院の首脳部が招待を受けたことがある。最初に**鈴木総理**の挨拶があつて、次いで**徳川圀順議長**の挨拶があつた。その挨拶が非常に意味深長なもので、今でも記憶に残つている。徳川議長は先ず鈴木首相が老軀を提さげてこの国歩艱難の際に大政燮理の任に当られることに対して深甚な敬意を表する、殊に承るところによれば鈴木総理はかねて**賈似道**の覆轍をふむことを恐れていられたとのことである、どうかその心を心として、戦争最後の内閣たる決意をもつてしつかり御奮闘願い度い、われ〳〵貴族院は出来るだけ御援助を申上げる、と云つて席に着かれた。わたくしは鈴木首相の方を見ると、首相は頭を大きく振つて肯いて居られたので、演説の意味が首相に通じたと思つた。総理は十八史略がお好きで平素愛読して居られたのである。ついでだが、昔の政治家はこう云う古典とか有名な政治家の書いたものとかによく平素親しんで教養をつんでいたものである。**牧野伸顕伯**の如きもロイド・ジョーヂの回顧録が大変好きで非常に役に立つと云つて後進に読むことをすゝめられたそうだ。そのためか外国人で牧野伯に御目にかゝ人は深みのある人として、その言説に非常に敬意を表して居たそうである。

賈似道

賈似道と云うのは、むかし支那の南宋が金に攻められ南へと退却したときの南宋の総理大臣であつて、自分の方の形勢の不利なことを皇帝にかくして知らせない。襄陽が敵にとられて三年の間皇帝にだまつていた。或る時、皇帝から「襄陽がとられたと云う話だが……」と質問があつて周章てた賈似道は「そんなことはありません、我軍の士気はますます振つて居ます」と答えておいて、帰つて何人が皇帝に事実を告げたかと捜して、一人の女官がこれをしやべつたことを発見し、その首を切つた。以後皇帝のところに真を告ぐるものなく、遂に南宋は亡びた、と云うことが十八史略の中にある。

徳川議長が此の謝辞を述べられたときは**阿南陸軍大臣**以下沢山の軍人もその場に居合わせていたので、議長としてもわれわれとしても、まかり間違えば憲兵隊に連行され、その後はどうなるか位のことは覚悟して行われた演説であつた。徳川議長は近頃珍しい責任感の強い方であった。

昭和十九年七月、**次田大三郎氏**が薬師寺主計氏〔傍線小林〕と二人で**鈴木貫太郎氏**を訪ね――鈴木さんは当時何の役にもついていられなかつたが、陛下の御信任は厚かつた。――早く戦争を終らねば日本は亡びると云うことを説いて、陛下に申上げて頂くよう話した際、鈴木さんは「木戸や東条は賈似道のような奴だ」と云われたそうである。その話に基いてこの謝辞は述べられたのである。

終戦の勅語の決議文

終戦の勅語が出たとき、貴族院でも奉戴の決議をした。この決議の文章を練る際、ソ連の参戦を強く文の中でうたう説があつた。わたくしはこれに反対であつた。わたくしは原子爆弾の影響はソ連の参戦などと比較にならないほど大きいとする立場をとつた。それは講和会議の際のソ連の発言権を考えての主張であつた。とう〳〵わたくしの意見が通つたが、今でもよかつたと思つている。世界第二次大戦に終止符を打つたものは原子爆弾であると思う。広島で原爆の投下されたとき「死者百万人と発表せよ」

と進言した。情報局としては賛成であつたが、防空総本部長官を兼ねて居た内務大臣の**阿部《ママ》源基君**が戦争継続論者で、情報局へ防空総本部から資料をよこさなかつたために、損害は大したことはない、と云う発表しか出来なかつた。国民の士気を沮喪させないためであつたそうだ。真相を発表してそれでもなお国民が戦争を続けてやろうと云うのであれば、これはデモクラシーの精神にも合致するのであろうが、今度の戦争はウソにウソを重ねて国民を引つぱつて行つた形であつた。かえす〴〵も残念のことである。

運転手に詫まられた話

昭和二十一年の九月のある日曜日のこと、戦時中わたくしの運転手をしていた**長君**と云う人がわたくしを牛込甲良町の官舎に尋ねて来た。丁度わたくしは留守だつたので、上つてわたくしの帰るのを待つていた。そこへわたくしが帰つて来て会うといきなり「旦那さん、詫りに来ました」と云つて一別以来の出来事を語りだした。

「戦争が始まつた当時、旦那さんが始終この戦争は負けると云われたので、とても気持が悪く、役所の連《ママ》転手を辞退して靴磨きをやり、金をためて貸家も二、三軒建てた。ところがとう〳〵旦那さんの云われた通りになつた。こう云うことになることが分つていたとすれば、何故旦那さんが総理大臣にならなかつた。」と云うのであつた。どんな良策でも権威のない人の考は用いられないと云うことは遺憾の極である。

思い出すが、十二月八日の開戦の日の早朝四時頃、**東条首相**からわたくしのところへ電話がかゝつて来て。午前五時に、衆議院の**大木書記官長**と一緒に首相官邸の日本間の方へ来てくれ、とのことであつた。行つてみると東条さんは緊張したた中にも安堵したような面持で「うまく行つた」と云つて早速臨時議会を開きたいから用意してくれ、とのことであつた。その話がすんで**星野内閣書記官長**、**森山法制局長**〔官〕と東条さんとわれ〳〵で冷酒で乾杯した。そして家へ帰つたが、玄関に入るときわたくしがいかにも悲痛な真青な顔をしていた、とあとでわたくしの家内が話した。

　宣戦の詔勅が出たあの朝のこと、議員は意気揚々と威勢よくどんどん国会に集つて来たが、わたくしは如何にも意気銷沈した様子であつたと云うことである。「えらいことを始めた、思いもつかぬことを始めた」と云う気持であつたためだろうか。**小沢秘書**が大詔奉戴日の勅語をわたくしが読むのに「豈朕が志ならんや」というところをとくに大声で読んだと人に話したそうだが、わたくしとしては特に意識して読んだわけではないけれども、自然にそう聞えたのかもしれぬ。

　いま国会の周囲の鉄柵が残つているが、戦時中これを外すように話があり、中のシヤンデリヤの金属も外せ、と云う要求が大蔵省や商工省からあつたが、わたくしはせめて国会だけは日本国力の表徴として丸裸かにするのはいけないと思つて反対した。日本で講和談判でも行われるようなことがあれば国会の建物より外にないが、そんな時いゝ条件で講和条約を結ぶには国力の余裕を少しでも見せることが大切だと云う〔説明をして〕出さなかつた。いま白亜の殿堂の中のシヤンデリヤを見ると往事を憶い感慨無量である。

新憲法についてのエピソード

帝国憲法の改正案が貴族院へ送付されてきて特別委員会で審査中、大公使の任命権、条約の批准及び恩赦権を大権事項にすることと、家族制度の維持を案文に入れることとが強く主張された。いずれも結構なことで大体意見が纏つたので、総司令部と交渉することになつた。ところが二十一年九月二十五日、時の吉田内閣の国務大臣であつた**植原悦二郎氏**が見えて、きのう関係方面から普通選挙と、総理大臣その他の国務大臣はシビリアンでなければならない、と云うことを案文に入れてはどうだと言つて来たのだが、これを貴族院の特別委員会の修正として取扱つて貰えないだろうかとの話であつた。それで委員諸君と相談したところが、軍事占領下だから致し方あるまいと云うことになつて、この二つの問題と貴族院からの要望である四つの問題とを合せて検討することになつた。数回に渉り関係方面からも平河町の貴族院院議長官舎に見えて一緒に研究した。その結果五つの点に付て意見の一致を見たが、たゞ困つたのは英語のシビリアンに相当する適当な国語がないことであつた。英国ではシビリアンと云う字の意味は現役軍人と僧侶を除いた一般人、と云う意味であつて、予備役軍人はシビリアンと云うことになつている。この大臣の資格制限で思出すが、**広田内閣**のとき陸海軍大臣は現役の陸海軍大、中将に限ると云うことに改めた。そこで陸海軍大臣を決めるには陸海軍三長官の同意が必要だと云うことになり、その結果陸海軍の欲しない内閣は出来ないか、若しくは存続することが出来ないと云うことになり、国政の指導権は軍の手に移り、遂に日本は亡びることになつてしまつた。この制度の改正は表面何でもないようで、実は非常に大きい政治的影響を与えたが、たしかに軍部の謀略であつたと云われて居る。話は元に戻るが、当時政府は簡単に国務大臣になる資格を現役軍人たりし者を除くと云うことで形ずけようとしたが、そう云うことにすると、戦争末期現役軍人であつた二十代の若い人達に対するパージが将来緩和されて政治に志すことも出来るようになる暁、憲法改正をしなければ国務大臣になれないと云うことになり、国内にトラブルを起すことになる虞があるから、これは何としても考えねばならぬと私は思つた。委員の松本学氏が私の意見に賛成して特別委員の間を説いてくれた結果、大多数の委員の賛成を得、また関係方面からも「シビリアン」と云う語をコイン（鋳造）してもよいという諒解を得た。そこで各委員が種々の言葉を持ち寄つて検討した。文明人、文化人、文人、市民、市人、市井人、平和人、平凡人、平人等々の案があつたが、何れも不合格で、最後に残つた、**川村竹治氏**の「文民」と云う語がよいと云うことになつた。わたくしは好むと好まざるに拘らず、戦争に行つ年若い人々に対しパーヂさえ解ければ憲法をわざわざ改正しなくても大臣にでも、なんにでもなれるとの希望を持たせることが出来たのは、貴族院として非常なよいことをしたと思つている。

〔欄外書込〕
〔国際裁判〕
〔花山師の回向式〕

参議院議員の在り方

わたくしは憲法改正と同時に大日本帝国憲法に殉じて引退する積りであつたが、先輩の御勧めもあり、新しい第二院として参議院が間違つた方向に行かぬようにということを念じてしばらく忍んで事務総長をつとめることにした。

昭和二十二年の四月だつたが、社会党の議員に当選した人々が数名事務総長室に尋ねて来られて、参議院議員としての在り方について意見を求められたことがある。わたくしはその時「あなた方は社会党員の投票によつて当選されたのではあるが、国会議員は全体の代表者であると云う観点から、社会党の参議院議員ということでなく、全国民の代表者ということでやつて頂き度い」と云つた。大体わたくしの考に同意のようであつたが、あとでその中の一人が小林という奴は政党政治の盛んな世の中に、相不変貴族院の夢を見ている、と非難され、そんなことも手伝つて、わたくしの事務総長選挙のとき、社会党は副議長**松本治一郎氏**を除き白票を投じたそうである。しかし参議院のあるべき姿としては、どうしても党派を超越して政府や下院の行き過ぎを牽制し、国政を誤らしめないことが大切だと思う。衆議院と同じ様な気持の人が多くては参議院の存在は意義が少ないことゝなる。二院制度〔はいら〕ないと云うことになる。

参議院の構成に就いての一案

参議院の構成については新憲法制定と関連して随分考えた。衆議院と同じようなものを二つつくつては意味をなさぬ。さりとて貴族院であつても困る。わたしくが考察した案の中で第四案として考えたものを左に紹介する。この案は当時総司令部の**ハッシー中佐**が見て大いに共鳴して呉れて、当時はまだフランス第二院が制度的に確定していなかつたので、これはユニークな、特色ある案であるから、うまくゆけば世界の第二院制度をリードするかもしれぬ、と〔云ってほめてくれた〕。ところが二日間の総司令部における研究の結果、具合が悪いことになつた、との報告であつた。その理由をきいたが、それは云えぬとのことであつた。わたくしは講和〔条約〕でもできたならば、一度中佐にこの理由について聞き度いと思つている。

参議院の構成（第四案）

（イ）地方〔区〕選出議員（政府案に同じ）
（ロ）全国〔区〕選出議員
一　定員百五十名　全国一選挙区
二　被選挙権は四十歳以上　選挙権は〔地方区選出〕議員に同じ
三　参議院〔全国区選出〕議員選挙管理委員会を置く（以下委〔員〕会と略称す）
四　委員会の組織は〔法律〕を以て定〔める〕
五　委員会は内閣総理大臣、国務大臣〔二〕名、両院議長副議長、両院議員七名宛の二十〔一〕名を以て組織す〔。〕（仮案）
六　委員会は選挙に関する一切の事項を管理す〔る〕
七　通常選挙の期日は少くとも六十日前に之を公示することを要す〔る〕
八　候補者たらむとする者は選挙期日公示の後、選挙期日の前五十日までに、委員会に届出ることを要す〔る〕推薦による届出を認〔める〕
〔不〕九　届出書に〔候補者たらむとする者の〕氏名、職業、年齢、略歴、政見を記載するものとす〔る〕
〔不〕十　前項の中「職業」に付ては予め法律を以て其の種別を十五乃至二十となし、何れの種別にも属せざるものは「其の他」とす〔る〕
十一　委員会は届出書に基き、〔必要あるときは本人を喚問したる後〕委員の〔無名〕投票により候補者全部に付き〔職業毎に〕「順位」を決定し、候補者名簿を作成す〔る〕
十二　投票用紙は名簿式とす〔る〕
十三　投票用紙には各候補者の氏名〔、〕職業〔、〕年齢を記載し、尚「特定候補者〔欄〕の後に

「〔「職業別」を削除〕不特定候補者欄」を置く
十四　選挙人は、選挙当日、「特定候補者〔欄〕」中〔の〕自己の選挙せ〔ん〕とする〔候補者名の〕
氏名の上に〇印を付す〔る〕
特定候補者に投票することを欲せざる選挙人は「不特定候補者欄〔の自区の選挙せんとする職
業の上に〕〇印を付す〔る〕
十五　一人一票
十五ノ一〔マイナスノ投票を認める。〕
十六　有効投票を定員〔に一を加えた数〕にて除したる数〔に一を加えた数〕以上を得た〔「る」を削
除〕を第一当選者とす〔る〕
第十七　第一次当選者のみ〔で〕定員に充た〔ない〕場合は、第一次当選者の余剰得票と不特定候
補者に対する投票を合算して、委員会の決定〔した〕第一順位の候補者〔の得票に加へ以下〕順次
に次順位の候補者に投票を移譲し、第二次当選者を決定す〔る〕
十八　前項の投票移譲は同種職業別の候補者間に限る
十九　候補者の「特定候補者」得票が有効投票を定員にて除したる数（百五十分ノ一）の五分ノ一
に達せざるときは供託金を没収す〔る〕
二十　第一順位の候補者と雖も前項の場合に於ては投票の移譲をを受くることを得ざるものとす〔る〕
二十一　補欠選挙を行はず、次点者より〔順次〕補充す〔る〕
〔欄外書込〕
〔定員に一を加へた数で除したる数に一を加えた数〕

参議院の事務総長か衆議院の事務総長か

第五国会の最後のとき会期延長のことが問題になつたことがある。第三回目の会期延長を衆議院が議決して参議院に廻して来た。

これに対して参議院野党派は参議院が会期延長を議決しない場合には、会期延長は出来ないと云うことを考える人があつた。しかし国会法第十三条には「前二項の場合において両議院一致の議決に至らないときは、衆議院の議決したところによる」とある。これは、「両議院の議決が一致しないとき」、と書いてあるのと違う。後者の場合だと参議院の議決がなされないと衆議院の議決したところによると云うことにはならないが、「両議院一致の議決に至らないとき」と云うと一院の議決がなくても衆議院の議決したところによると云うことになる。国会法の規定を文字通り読むとこの場合は参議院は衆議院の議決に従う外はない。法律と云うものは自己の便宜のため解釈さるべきものではなく、文字通りの意味に解して始めて秩序は保持される。たとえば「小野の小町は醜婦なり」と書いてあれば、「醜婦」と読まねばならぬ。「美人なり」と云う改正案を出すことには賛成である。しかし、現に「醜婦なり」と書いてあつた以上は「醜婦なり」と読まねばならない。わたくしがこの国会法の解釈を説明すると、議員の中に「衆議院の事務総長のようなことを云う」とか「衆議院の肩を持つ」とか云つた人がある。困つたものである。

総理大臣の指名

憲法第六条によると天皇は国会の指名に基いて内閣総理大臣を任命することになつている。尚第六七条は総理大臣は国会議員の中から国会の議決で指名することになつている。

昭和二十三年二月二十一日午後四時十八分本会議を開いて議事日程第一内閣総理大臣の指名を議題として記名投票を行つた。出席議員総数二百十九名でその開票の結果は投票総数二百十八票、吉田茂一票、芦田均九十九票、その他散票で、いずれも投票総数の過半数に達しなかつたので、その最多数を得た両名について決選投票を行つたところ、投票総数二百十六票、吉田茂百四票、芦田均百二票となり多数を得た吉田茂氏が内閣総理大臣に指名されるものと決した。引続いて吉田茂君を内閣総理大臣に指名することについて議決することの可否を問い、議長が「起立者多数」の宣告を行つたに対し、前列の某議員から異議の申立があつたので、再び記名投票を行つたところ、白票百五票、青票百十三票となつた。しかし、この結果を議長が報告し終る〔前に〕休憩の動議があり、これが成立して五時三十七分一旦休憩に入り、この間議院運営委員会を開き交渉の結果妥協が出来て午後十一時二十八分本会議を再開し、吉田茂君を内閣総理大臣に指名するものと決定した休憩の投票の結果を参議院の議決とすることについて全員異議がないことについて決定し、十一時三十一分散会した。

議決というものは対象が一つである。指名とか選挙とかは対象が多数あるのが通常である。一応指名することに決ればそれを議決する時はたとえ反対であつても結果がちがわないように議決するのが会議体の構成員としての態度ではないかと思う。

責任を負う人

近頃の政治家の中には部下に責任を転嫁して、自ら責任を担おうとしない人が少くない。**松本治一郎氏**が副議長に就任されたときの挨拶には度肝を抜かれたが、しかし、あの人のように三十年間闘い抜いて来た人にはその立場も考えてあげることも必要かもしれぬ。それはそれとして、副議長になられてから以後、あの人のやられた事は党派を離れて正しいことをしておられたように思う。

ある時松本氏が議長席について会議をプレサイドして居られ、**近藤英明君**がわたくしに代つて総長席について補佐していたとき、たまま《ママ》た議事がもつれて来たので、近藤君は情勢を察して、これは一旦休憩を宣して議院運営委員会を開いてまとめた方がよいでしょう、と松本氏に云つた。松本氏はその必要はない、と休憩に反対であつたが、更に近藤君が「休憩した方が時間を節約するのに却つてよい」と忠告したので、松本氏もその言葉に従つて休憩を宣した。ところが、社会党の人がどやどや総長席の近藤君のところへやつて来て、今の休憩の動議には異議あり、と抗議を申し込んで来た。既に松本氏は議場を出て居られたが、この騒ぎに戻つて、一喝「休憩は議長の権限である」と云つたので、社会党の人達はさつと引き揚げたそうである。松本さんはこう云うけじめをはつきりして自分で責任を負う人であつた。

議事堂の話

議事堂は今日『白亜の殿堂』として国民一般に親しまれている。富士の霊峰と共に、大東京の空高くそびえたつ白亜の殿堂はたしかに民主日本の象徴である。千代田城の松の緑を背景に、青空に去来する白雲をついて聳立するこの大殿堂を仰ぐとき、わたくしは議会政治の健全なる発達をねがい、民主日本の前途の多幸ならんことを祈念せずにはいられない。これは恐らくわたくしひとりのみの感慨ではあるまい。地方から東京に出てこられる人たちもこの議事堂だけは必ず参観して帰られるようである。地方の人達ばかりではない、この頃は諸外国の人たちも毎日大勢みに来られるようになつた。議事堂は東京の名所というよりは、日本の名所の一つといつて差支ない。**赤池濃氏**は、貴族院の勅選議員で、なかなかの論客であつたが、生前しばしばこの議事堂について、これは宮中にくらべても遙かに豪奢なもので、かくも豪奢な議事堂でわれわれ臣下のものどもが国政を議するということはまことに恐懼にたえないと語つていた。赤池氏はまた非常に学究的なひとで、『政教より観たる論語』といふやうな好著もあるが、終戦後、列車事故のため、大阪駅頭で急逝されたことは哀悼の至にたえない。

この議事堂の落成は、わたくしの在任中における最も祈念すべき出来ごとであるから、後で詳しくこの議事堂について語ろう。

○

議事堂本建築の議は、実は国会開設以来の懸案であつた。帝国憲法が発布されたのは明治二十二年であるが、第一議会の聞《ママ》かれたのはその翌年の二十三年で、当時の議事堂は仮議事堂であつた。現在の議事堂のまえのものは、日比谷にあつたので、だから議会が開かれると日比谷劇がはじまつたなど《ママ》いわれたものだ。仮議事堂は再三火災によつて烏有に帰した。そこで、どうしても耐震、耐火の本建築の議事堂がなければならないというので、大正七年に着工し、自来十九箇年の歳月を費して、昭和十一年十一月竣功したのが現在の議事堂である。この議事堂についてまず特筆すべきことは、この建築に用いられた資材のほとんど全部が、全国各地から産出された国産品であり、わが国における近代建築技術の粋を集めて出来たものだということである。だから、これは世界に誇るに足るといつてはどうかとおもうが、世界各国のどの議事堂にくらべても敢て遜色のないものであろうとおもうのである。その総工費は二千五百七十万円で、坪当り一千六百二十三円、全くもつて今昔の感にたえない。鉱工品公団の一事務員が八千万円も使い込んだというような、今日からみれば、二千万円は何でもないやうであるが、当時としては容易ならぬ金額である。それにしても、この立派な殿堂の総工費が陸奥や長門というような戦艦の建造費の半分にも当らないというのだから、驚くべきことではないか。軍艦など造る代りに、このくらいの建物をせめて五つか六つ造つておいたならば、どんなによかつたことであろう。それを思えば、実際、戦争ほど馬鹿らしいものはない。これからの日本はどうしても、平和主義でなければならない。それにしてもこの議事堂が戦災を免れたことはまことに仕合わせであつた。奈良や京都が、**オーナー博士**の尽力によつて、日本文化を保存するために、戦災を免れたのであるように、この議事堂も民主日本の将来のために、アメリカが特に空襲を遠慮してくれたのであるかも知れない。いづれにしても、まことに有り難いことであつた。

〔欄外書込〕

〔パージの話〕

〔法制局長の話〕

沖縄の思い出

昭和二十二年十月頃わたくしが議場に居ると沖縄から「堀井さん」という人が尋ねて来たというので、誰かと思つて出て見ると、**ホーリー**という沖縄の地方部長をしている人で、自治立法の速記録が欲しいということであつた。その際、ついでに、わたくしも昔沖縄にいたことがあつたので、つい懐しく、いろいろ沖縄の話をした。わたくしは沖縄は人種的、歴史的、習俗的に日本プロパーの一部分で、たとえば、言葉についてみても、奈良朝時代の言葉がそのまゝ沖縄に行われている、といつた。すると、ホーリー氏は自分にも思い当ることがある。即ち「自分は北の方の州であるが、隣りのカナダの地方には四百年前のフランス語が行われている」とわたくしの考えに共鳴してくれた。第一国会のとき、外務委員会が、わたくしがかつて沖縄にいたことがあるというので、参考のために話をききたいといわれたので、わたくしの所見を一通り述べておいたことがある。

わたくしは沖縄に行つたのは大正六年十月であつた。鹿児島から大義丸という汽船に乗つて行つた。港へ近ずくに従つて、山らしい山は見えず、真平な、一つ波がくれば波に没し去つてしまうかもしれぬような島だと思つた。那覇の港に入ればこの島が人口七十五万を擁する県で、一通りの県政の模型が行われていることがわかつた。県庁で先輩にきいて見ると、沖縄というところは、出る陽を拝み、入る陽を拝まず、といつた忘恩の地で、骨折つてもつまらぬと云う人が多かつた。わたくしは段々接して見て決してそうではないことがわかつた。要するに、明治の始め他府県から行つた官僚が沖縄の人を誤つて評価していたためにそういう結果になつたものとおもう。その頃青年の間には沖縄を何とかせねばならぬとの空気があつた。当時閥族と云われた首里城を中心とする仲間があつたが、それを倒そうとする青年の一団があつた。それらの青年と気が合つたので、何とか沖縄の弊風を改めて日本国民の一部として生活を改善したいとおもつた。そういう運動を警察署長としてやつた。その一つとして琉球新報の論説欄を利用して意見発表を行い、相当の効果を収めたとおもつた。

沖縄の人は内地と風俗伝統に多少異うところがあるが、人情でも言葉でも、やまとプロパーである。

前述の如く、言語の如きも地震をないと云い、とんぼをアキツ、子供をワラベ、夫人をトヂ（刀自）、分らぬと云うことをワカイビラン、これはわかりはべらんの変形であり、キコシミソレイというのは御聞き候えの変つたもので、優雅な大和言葉である。

産業課長としてやつたことで一つ忘れられない思い出がある。久米島と云うところに漁業組合があつて、その組合が那覇の某金持から金を借りて船をつくり鰹を釣つていた。ところがその借金の契約が頗る変つたもので、利息は年十割、総ての製品はその某金持の手を経て売らねばならぬ、必要な材料もその金持の手を経て買う、といつた風なもので、しかもこの契約は永久に効力ありとされていた。わたくしは産業課長として年も若かつたが、この契約は公序良俗に反するとして無効を宣言し、その代り低利資金を借りるようにした。この措置に文句を言つてくる人もあつたが一切とり合はなかつた。弁護士も来たがどんな理窟があつてもこちらは公序良俗一本で押し通し、終いには相手もわたくしの方に賛成して帰つて行つた。この問題は高橋と云う知事が居られて大変手を焼かれた問題であつた。

那覇の自由貿易港論も大いに主張したことがある。沖縄の民度が低くゝて普通では収支がつぐなわぬため自由貿易港にして関税なしにしてやつたら、と主張した。その当否についてはいろいろ議論もあろう、実際また行われもしなかつたが、兎に角、わたくしは沖縄在任中、若き日の情念を傾けて、沖縄の開発に肝胆を砕いたものである。

一　沖縄帰属問題の史的考察

太平洋戦争の結果、沖縄はアメリカの占領下に置かれることになつたが、その後における国際情勢の緊迫や講和会議等に関連して、沖縄は国際政局上、俄然重要視されるようになり、その帰属が問題となつてきた。しかし、この問題は、結局は、「平和を愛する諸国民の公正と信義に信頼して」これを解決してもらうべきものであつて、無条件に降伏してポツダム宣言を受諾した日本国民としては兎や角いうべきものではないとおもう。たゞわたくしは、こゝで少しくこの問題を歴史的に回顧して見たいとおもう。それはこの問題の公正なる解決にとつて多少の参考となるであろう。沖縄はもと琉球といわれていたことは周知の通りである。わが国は明治五年に正式にこれをわが国の版図に編入し、王・尚泰を琉球藩王に封じたが、後明治十二年に至り、琉球藩を廃して、沖縄県を置き、尚泰を華族に列した。この時以来、琉球は沖縄と改称されたのであるが、この改革は、廃藩置県や藩籍《ママ》奉還の如く、順調に行われたのではなく、その領土主権の帰属について、清国との間に由々しき葛藤を生し、維新後日なお浅き明治政府の直面した難問題の一となつたのである。

二

アメリカ前大統領**グラント**将軍の如きも、日本のため、東洋平和のため、大変これを憂慮して何とかして円満に解決しようとして大いに斡旋の労をとられたのである。**グラント**将軍は南北戦争の武勲によつて驍勇をうたわれたばかりでなく、識見、徳望一世に高く、大統領を二期もつとめて名声を博し、三選の議さえあつたのであるが、それはアメリカ憲法史上前例のないことだというので、三選だけは沙汰止みとなつた。将軍の武功や文勲は、つとに『日新真事誌』によつてわが国にも伝えられ、わが朝野もひとしく敬意を表していたのである。されば、将軍が大統領の任を離れて、世界漫遊の途に上り、欧洲各国や清国を歴遊して、明治十二年七月四日、わが国に来遊されるや、わが朝野は国賓として款待懇遇、至らざるなしという有様であつた。『岩倉公実記』や『新聞集成明治編年史』等をみれば、当時のわが朝野がいかに将軍を敬慕し、信頼し、かつ歓迎したかをうかゞい知ることができる。**明治天皇**は十二年八月十日、浜離宮に臨幸したまい、将軍を引見して、種々御対談あらせられた。その御対談の模様は明治神宮の絵画館に壁画として奉掲されてをり、御対談の内容は『岩倉公実記』や**伊藤博文公**の『秘書類纂』等に詳記されているが、わたくしはこれを読むたびに、わが日本に対する将軍の深い愛情と好意とに対して心の真底から感謝の念を禁じ得ないのである。その御対話の一節に左の如き、将軍の言葉がある。

余曩に長崎に着港せしより、常につらつら当国農業の景況及び人民進歩の状態に深く注目し、曽て聞知する所ありしよりも一層大に事情を詳悉するを得たるに因り、余が従来久しく日本のためを思い、その進歩を望むの哀情は是に至つていよいよ深きを加え、自ら信ずらく、真に日本の幸福を冀うに切なる者、陛下の自国人民を外にしては、他にまた恐らく余の如きは之れあらざるべし。これ蓋し余一個の哀情にあらず、即ちわが米国人民の衆情なり。シンガポールより此方に在ては、新（聞）紙もしくは雑誌等の、亜細亜人と米欧人とを同等視して論議するものあるを見ず、たゞ**東京タイムス**、および**ジャパン・メール**の両紙が東洋諸国と雖も、国権は各同じく之を有せるが如くに論ずるあるのみ。また、西洋諸国の官吏輩に至つては、皆ことごとく利己主義に執着し、日本および清国の国権を顧るものゝ如きは殆ど稀なりとす。その不正貪慾なる、実に余をして往々切歯扼腕に堪えざらしむ。――彼れ己れに利あることはこれを主張し、更に日本、清国の権利如何を顧みず、専横放恣なる、これを聞く毎に予が満腔の熱血を沸騰せしむるなり。

すなわち、その当時におけるヨーロッパの諸列強は、東洋諸民族を劣等視し、東洋諸国の国権を蔑視し貪慾なる利己主義を逞くしていたのである。生来公正にして、アメリカ建国の理想に生きる**グラント**将軍はかゝ情勢を眺めて、ひとごとながら義憤に堪えず、切歯扼腕しておられたのである。**明治天皇**は将軍のわが国に対する同情と好意とに対して痛く感動せられ、「朕深く卿の誠意を嘉す、——貴卿の好意深く欣謝す。」と答えておられる。日本国民がひとしく感激したことは申すまでもない。それから将軍は、当時わが朝野の大問題であつた国会開設問題、外債募集問題、教育問題、および琉球問題等々について、それぞれ懇切なる助言を与えられた。**明治天皇**は、「大に感服すべきの商案なり、——貴卿の言う所は終始面白き意見なり、大いに朕が参考となる。」と仰せられつゝ、終始熱心に傾聴せられ、対談の終るや、「卿の所説朕審に之を領す。此数事に就ては、朕篤と思慮に及ぶべし。爰に其の懇情を謝す。——貴卿の言う所は悉く朕が耳を傾けて聴きたり、朕は熟考せん、深く貴卿が好意を謝す。」と深く感謝してをられる。もつて、陛下がいかに熱心に将軍の助言に傾聴されたかゞわかるであろう。現に、国会開設問題、外債募集問題、教育問題等に関する将軍の助言は、ことごとく明治政府の採択するところとなつて実行されたのである。元老院が勅命を奉じて起草した憲法草案を排して、**伊藤博文**に新たに帝国憲法の起草を命ぜられたのは、主として**グラント**将軍の助言による。わが国の憲法学者や憲政史家は従来全くこれを閑却しているのであつて、わたしくしはこの意味において、従来の憲政史はこの際再検討を加えて、これを書き改めねばならぬと思つている。

外債募集については、**大隈重信**が明治十三年に外債を募集して、西南戦役後の不換紙幣を整理しようとしたのに対して、長州出身の諸参議は多くこれを不可とし、薩摩の出身者は多く之を可として、互に譲らず、結局勅裁を仰いでこれを解決したのであるが、その際**天皇**は、かつて**グラント**将軍が外債を募集して、その償還が不能に陥るときは、債権者たるヨーロッパ諸列強の侵略を受けますぞといわれたことを回想せられ、これを論拠として大隈の議を斥けられたのである。明治政府がいかに将軍の助言を深く銘記してこれを実践したかゞわかるであろう。

三

しからば、**琉球問題についての将軍の見解**はどうであったかというに、将軍は、当時の世界の大勢に鑑み、維新後日なお浅く、内乱相次ぎて国家の基礎も充分に固まらない日本が、かゝる問題のために、敢て清国と事を構うるならば、帝国主義諸国が競うてこの機に乗じ、漁夫の利を占め、日本は結局毛を吹いて疵を求めたに過ぎないようなことになることを深く憂慮してをられたのである。曰く

　此事件に就き尚ほ一言の陣《ママ》すべきあり、此琉球事件およびその他とも、清国と談判を遂げさせらるゝに当つては、成るべく外国をして干与せしめらる可からず。夫の欧洲諸国は、余その外交略を以て察するに、其志やたゞ亜細亜人民を屈従せしめんと欲するに在て、更にその利害を顧みず、只管私利のみをこれ謀り、若しや日清間に事起るなれば却て幸とし、自ら利益を占めんと欲するに外ならず。夫れ、日本と清国とは元来同一人種にして、特に旧好の国なれば、互にその友情を思い、雙方相譲る所あらば、孰れにも面目を汚さゞる様の示談に和議を整え、以て両国間の親和長久を計るを得べし。これを以て、余もし滞在中に両国の和議成るに至らば、余の大悦は何ものかこれに過ぎん。

と将軍は述べている。将軍の所見は杞憂をもつて目さるべきものではない。いな、われわれは、数十年後の今日において、今更ながら将軍の先見の明に推服せざるをえないのである。日清戦役直後の三国干渉や列国による支那分割の機運等を回想すれば、蓋し思い半ばに過ぐるものがあろう。将軍はかゝる見地より、歴史的に疑問の余地ある領土主権というような区々たる議論にとらわれず、大乗的見地から、清国の体面を尊重して或程度の譲歩をなし、もつて永く両国の友好関係を維持するよう勧奨されたので

ある。すなわち、

余先きに清国に滞留中しばしば**李鴻章**並に**恭親王**と面会の際、余に夫の琉球事件を詳細に語られ、余より日本政府廟堂の人に説きこの事を公平穏当の処分に至らしめんことを乞われたり。是に於て、余は彼の代理となりてこの事を処弁することは固より肯ぜざりしも、及ぶ限りは周旋する所あるべきを約し、兎に角、わが国の公使**ビンハム**氏に商議すべしと告げ置きたるに依り、ビンハム氏には既に数回示談に及び、また伊藤君並に西郷中将君にもこの程日光滞在中に面談を遂げ、大に事情をも詳にするを得たり。然るに雙方の所論互に相同じからざるは、総ての争件皆然らざるはなく、余が清国にて聞く所と日本にて聞く所とは大いに差違なしとせず。依ってその是非曲直いずれにあるかは、固より余において確知する能わざれば、その如何は敢て猥りに卑見を吐露すべきに非ざ《ママ》なり。今更日本において勢い退き難く、また言うべからざるの事情あるべきは余能くこれを知る。かつ既に自ら信じて判然その国権とする所の処分を行いたる以上は、何処までもその国権を全うせんことを思わざるべからず。これ実に左あるべきことなり。

然れども、この儀については清国の意志をも亦宜しく察せずんばあるべからず。故に、余はたゞこの一点につき弁ずるあらんと欲するのみ、清国の思うところにおいては、日本の所為をもって和親国の道にあらずして、彼の国権を軽蔑し、古来琉球には彼れ多少の関係を有せることを顧みざるの処置なりとし、特に往年台湾事件に屈辱を蒙りたること胸裏に忘る能わざるより、彼の不平や一層甚しく畢竟再び台湾を占取し、而して彼国と太平洋の間を遮断せんと欲する日本の意なるべしと疑念せり。是れ清国の大臣等が日本に対し急激怨恨の心を生ずる所以なり。

この故に余をもってこれを観れば、この事は互いに論判に渉ることなく、また日本の要求するところ敢てその権理なきにはあらざるべきも、たゞに清国の心情を量察し、寛大公義の心をもつて、彼に一歩を譲るに若かざるが如し。実に両国間に和親を保有するの今日に甚だ切要たることを考うれば、雙方において互に相譲るところなかるべからざるなり。余いまだこゝに確言するは能わざれども、余の聞くところによれば清国においては、諸島嶼間の疆界を分画し太平洋に出ずる広濶なる通路を彼に与うるの議に至らば、彼れこれを承諾すべしと。この事果して確説なるかは知るべからずと雖も、亦もつて夫の清国大臣等が心に忿怒を懐きながらも、猶熟議を容るゝの意なきにはあらざることを知るべきなり。

と将軍はのべてゐる。尋常の外交辞令とは全くその趣を異したものであることを看過してはならない。陛下は、「清国との交際は最も平和親睦ならんこと、朕においても冀望する所なり、――清国との交際は尤も平穏、和順に至らんことを朕は深くこれを冀望せり。」といわれ、また、「琉球事件に就ては伊藤並に某々に命じ置きたるに依り、彼輩近日卿と面会に及ぶべし。――琉球一件に関してはこれを談ずべき旨伊藤等に命じ置きたれば、彼等と談話せられんことを求む。」と答えられたのである。

将軍は帰国後も、なおこの問題の円満解決を期せられ、その意見を将軍の世界周遊に随行した**紐育ヘラルド**の記者**ヤング**氏に筆記せしめ、これをヘラルド紙上に掲載された。わが国では郵便報知新聞が同紙上にこれを訳載《ママ》した。『〔割注〕（グラント氏意見ヨング氏筆記）琉球事件』と題して今日伝わるもの、すなわち、これである。東洋平和のため、日本の将来を深く憂慮せられた将軍の御好意はわれわれをして真に感涙に堪えざらしむるものがある。しかし、琉球事件に関する将軍の意見だけは、明治政府の容れるところとならなかつた。これは将軍の意見が軽視されたり、閑却されたによるのではない。明治政府は他の諸問題に関する意見と同様に、この問題に関する将軍の意見に傾聴し、これを尊重したことは申すまでもない。しかるに、何故にこれを容れなかったかというに、それには二つの理由をあげることができる。第一には、琉球事件は、その後明治七年の台湾征討等を経て、最早動かすべからざる既成事実となっていたからである。これは、将軍自身も明治天皇との御対話の中で承認してをられるところである。もし、これを取消して、清国に譲歩するようなことをしたならば、さらでだにやかましい当時の国論がこれを承服する筈はなく、必ずや一騒動を免れ難い状勢であった。それで、明治政府としては将軍の意見を容れようとしても出来ない立場にあったのである。第二は、当時わが外務省の顧問であった**リサンドル将軍**の強硬論である。**リサンドル将軍**はアメリカ人であるが、彼はアメリカの国籍を離脱してまでも、明治政府をして既定方針を貫徹させようとしたのである。

四

大隈重信は『大隈侯昔日譚』の中で、這般の消息を語って次のように述べている。

台湾征討を中心としたる其頃の外交の裏面に於て、**ゼネラル・リセンドル**の名は実に没すべからざるものである。リセンドルは元来は仏人であるが、米国に帰化した男で、英語も上手であったが、最も仏文に長じたる学者であった。南北戦争には、兵を率いて参加して二度負傷し、一度は眼をやられて眼は義眼である。第一回の傷が回復すると、直ぐ戦場に出たが二度目には鼻をやられて、トウトウ軍職を退いたと云う勇者である。支那の厦門の領事をして居たが、南北戦争の勲功によって米国民の尊敬を受けたるのみならず、永く支那に滞在して居ったから、深くその事情に通じ、且つ米船が台湾近海で沈没して、その乗員が蕃人のために惨殺された際、その処分のための度々生蕃の危地へ挺身突入して酋長と談判したりした。—中略—従って台湾の事情にも精通して居た。

厦門領事の職を罷めて本国に帰る途中日本に立寄ったのを、当時朝鮮・台湾問題が中心となって対支問題が沸騰して居たので、駐日米国全権**公使デロン**が、此男なら必ずや日本の外交上、役に立つからと云うので、時の外務卿たる**副島種臣**に推挙した人である。普通ならば給料のことを一番に条件とするんだが、この時**リセンドル**の曰うには『自分は米国の大戦争に出陣して負傷までして居るんだから給料などはどうでもいゝ、待遇を充分にしてくれ……』と云う訳で、頗る日本人の言い相なことを云うので、その東洋豪傑式な所が、**副島**はスツカリ気に入つて了つて、直ちに勅任出仕――今で云う高等官二等から一等と云う所――にして、外務顧問としたので、**リセンドル**も大きに満足して、先ず劈頭大論文を書いた。今外務省に残つて居るか、それとも反古になつて了たか分らぬが、軍人の書き相な強硬な外交政略である。その名文は今なお要領だけは記憶に残つて居る。先ず露国の侵略政策を細かく書いたが、バルチック海黒海方面より遂に侵略の手の東洋に及べる露国の膨脹史を詳述してその政略の遠大なるを説き、しかもこれが当面の対手たる支那にはこれを支うるの力無く、唯利己的で陰険で他を欺くを以て能事となすの国民性である。かくの如き国が露国に境を接して居ては、忽ちにして国を併せらるゝより他に道は無い、これを未然に防ぐには日本より他には無い。而して日本はこの天職を全うするにはどうしても支那を信頼させなければならぬ。しかし支那と云う国に臨むには威力を以てするより他に術はないから、須らく朝鮮、台湾を併せて露国の東漸を制すべしと云うのであつたが、堪能なる仏文で壮快な文章だから、副島はこれを見るや頗る敬服したんである。**リセンドル**は一々地図に朱点等を入れて支那と相聯携して衝らば、露国敢て恐るゝに足らずとなした。極めて卑近の論のようだが、軍人達には頗る喜ばれるものである。そこで、副島は早速軍人達を集めて、地図を示して大いにこの議論を高唱して、速かに台湾、朝鮮を併せて支那に臨むべしと論じたから、陸海軍人達は大いに喜んで、これを『亜細亜経略論』と称えて副島の処へ聴講に押しかけたものだが、これにはリセンドルの入智恵が大いに与つて力があつたんである。―中略―

ところで、支那に向つて、朝鮮が日本に対する無礼（明治政府を認めず）を陳べて、朝鮮内に起りたることに対して、支那は責任を負うか何うかと云えば、朝鮮は内治、外交その自治に任せて居るから其責任を負わぬと云う。台湾の蕃人を殺傷したことは何うだと云えば、台湾の生蕃は化外の民だからと、これも責任を避ける。サア其処で国論の沸騰となつたんであるが、この間の副島の外交には**リセンドル**が顧問として大分与つて力があつた。当時外務省にも大部外人を聘して居たが、この以前から外務省では米人**スミス**を矢張り顧問として雇うて居た。スミスは国際法の大家で、米国の国務省でも国際法顧問たりしことのある、極めて地位ある学者であつた。**スミスの外交**は米国流の率直な無遠慮なものであつたが、**副島**も矢張り学者で率直なもんだから、全くスミス流の気分になつて居たが、支那使節で大いに名声を博したから、大得意で俄かに大外交家気取りになつて了つたんである。―中略―

この時恰も一方には有名な征韓論の廟議破裂で、**西郷**、**板垣**、**江藤**、**副島**が袂を連らねて野に下つた時である。しかし台湾の方に邦人を殺傷したと云う事実があるので、そのままに済まされぬ。そこで仕方なく、我輩が出でて生蕃事務総裁となつたんであるが、その時矢張り雇としてリセンドルを彼地に送つが、将に兵をださんとする時、英米が故障を入れたことは前にも述べた通りで、如何に休職ながらも嘗ては米国のために勲功ありて将軍名を有せる**リセンドル**が、日本が支那の領土へ兵を送るに出かけるとは、合衆国の禍を残すものであるとの議が米国側から起つたが、**リセンドル**は米公使の勧告をも斥けて遂に日本政府のために義務を尽したが、この台湾征討は前にも述べた如く、非常に日本の成功となつたんである。―中略―

スミスも面白い男であつた。副島が外務省を去ると、自分も辞して去つた。その頃は外務省以外、大蔵省や文部省にも大分米人が聘せられたが、一番これを雇うたのは北海道開拓使で、札幌農学校はその尤なるもので、後には鉱山、地質測量等に沢山雇い入れたので、当時の報告書等は、今日の地質学者にも珍重され、殊に**ライマン**の地質測量等は最も持て囃されて居る。鉄道の**クロホルド**等も勝れたる者で、これは大久保（利通）が起業公債を起して夕張、空知の炭礦鉄道を開く時に聘した。

ボーイズ・ビー・アンビシアスの一句をのこした有名なクラーク先生の如きも、この時札幌農学校が招聘したアメリカ人の一人であつた。

こういうわけで、**グラント**将軍の折角の忠告にもかゝわらず、わが国はついに既定方針を変更することはなかつたのである。要言すれば、**グラント**将軍の意見を斥けたものは、同じくアメリカ南北戦争の勇将たる**リサンドル**ないし米人顧問スミス等であつたのである。グラント将軍は琉球問題について、かように親身も及ばぬほどに心配してくださつたのであるが、しかし、その領土権の帰属についてはほとんど論及されなかつた。しかし、琉球―沖縄の帰属が問題になつたのは今回がはじめてゞではなく、明治初年においてすでにかくも大問題となつたものであることを忘れてはならない。ある意味において、歴史は確かに繰返すのである。

五

そこで、いよいよその帰属問題について少しく考察してみたいとおもうのであるが、しかし、こゝで同島の歴史や、これに関するわれわれの見解を語つているいとまはない。たゞこの問題を考察するに当つては、時節柄日本開国の恩人たる**ペルリ**提督の『日本遠征記』の見解を看過してはならない。沖縄の帰属を歴史的に、科学的に研究した文献としては、恐らく**ペルリ**の『日本遠征記』をもつて嚆矢とするのではあるまいか。のみならず、その見解は非常に公正なものであつて、今日のわれわれからみても、大体において妥当なるものとして首肯されるのであるから、その要点を紹介して、わたくしの結論にかえようとおもう。『日本遠征記』は非常に大部なものであるが、幸いに**土屋・玉城**両氏の名訳があり、戦後に至り、岩波文庫の一篇として再刊されているから、是非共江湖の一読をお勧めしたい。これはわが開国の由来を知り、当時の日本および日本人が欧米人の眼に如何に映つたかを知るには、どうしても読まねばならぬものであり、読んで非常に面白く、かつ有益な書である。かういう書をこそ、日本の命運を双肩に荷う今日の青年諸君は何を措いてもまず第一に読まねばならない。余談はさておき、直ちに本論に入ることにしよう。而して、琉球すなわち沖縄の帰属に関する同書の見解は如何というに、要するに、左の一句に尽きる。

琉球がどの国に属するかは今尚議論のある問題である。或る人によれば、それは日本の薩摩侯の属領と云われ、他の人は支那に属すると想像している。けれども、琉球は絶対的に日本に属している属領であると云う方が多かれ少かれ確からしく、支那に対しても貢物を送つていることに疑いがないのだから、多分幾らかは同国にも従属しているのであろう。言語・習慣・法律・服装・道徳・悪習及び通商関係等すべてはこの見解を確証するものである。

同書は琉球の帰属について、かく断定を下し、後に至つてその然る所以を詳細に論証しているのである。まず、**キャプテン・ホール**、**アルセスト**号乗組の**マクレオド博士**、**キャプテン・ビーチー**、および**キャプテン・プルシヤー**等の見解を検討した結果、「吾々が知り得たあらゆる事実は、すでに明かにされている問題に僅かばかりの貢献をなしたに過ぎないのであつて、より徹底的な調査が必要である。吾々は自分達の蒐集し得た資料をあり来りの資料なりと考えるものである」となし、更に、琉球は「常に自ら支那帝国の属国と認めている」と談ずる中国の著作家周煌の見解を批判して左の如く述べている。

　周煌は、現在同島の支配権が支那皇帝にあると主張するものである。而してこのことを決定するに困難らしく思われる一点というのは、琉球が各々支那及び日本と密接な関係を有しているということであつた。毎年貢物が支那船で琉球から支那に送られるということは確かな事実らしい。而かも琉球の役人は支那人らしくない。且同島の日用語は支那帝国の言葉ではない。但し支那語は教育のある琉球人に理解され喋られているのである。琉球に対《ママ》して日本が有する権利について吾々が語り得ることは、後で提案した条約の諸点に関する協商のため、日本委員とペルリ提督とが出会つた際、「琉球は遠隔の属領で、（日本）皇帝の統制は少しゝか及ばない［二］と報告されたことであつた。琉球貿易の大部分が日本船で行われていることも確かである。―下略―

同書はまた**ベッテルハイム博士**の所論を紹介して左の如く述べている。

　琉球に数年生活したベッテルハイム博士は、数ヶ条の理由に基いて次のように確信している。即ち『この国は、或る程度まで独立ではあるけれども（その支配者は北京に相当の貢物をする代りに、自ら王の尊称を附けることを許されているが故に）、而かも結局は全く日本の一部であると。その理由を簡単に説明すると次の通りである。

（一）『那覇に日本守備兵が駐屯している』こと。けれども、これらの守備兵は公然たるものでないことを理解しなければならない。何故ならば、琉球人は、武器や、武装を有せざる戦争嫌いの人民と云うことになつているからである。けれども、ベッテルハイム博士は、守備兵の一隊が、武器を掃除しているのに偶然出会つたのであつた。

（二）琉球の貿易は全く日本との貿易である。もしも同島が支那の属領であるとすればこんなことはないだろう。日本は毎年約四百五十噸の船三四十艘を琉球に派遣している。毎年支那に行く琉球の船は一艘に過ぎない。又隔年一艘以上の船をもつて支那に貢物を運んで行けと云われているが、一艘の支那船も那覇に入港するのを許されたことがない。

(三) 琉球には多数の日本人が居り、土着人と同じように絶えず徘徊している。彼等は琉球人と結婚し、土地を耕し、那覇に家を建て、そして要するに故国にいる時と全く同じように見える。然し支那人は他の外国人と同じように屢々追い払われ、密偵をつけられ、石を投げつけられ、凌辱されている。このことは、吾が士官の一人のものした日記から確かに断定されることである。この士官の目撃した諸事実に基いて次のように述べている。『彼等（琉球人）が他のあらゆる国民と同様に支那人とも接触を極力禁ぜられていることは全く明らかである。宗教、文学及び多くの風俗習慣が同一である、と云えなければ、類似しているにも拘らず……。実際琉球は事実上も法律上も日本の一部なのであつて、彼等のモットーと云うのは頑として「あらゆる世界と接触せず」と云うことである』と。

(四) **ベッテルハイム博士**が、琉球当局者と接触した時には、あらゆる場合常に少くとも二人の人物が出席していた。この人物は明らかに会合の司会をし、琉球の役人を牽制しているのであつた。彼の推察によると、これ等の人物は日本の監察官なのである。

(五) 琉球の言語、服装、習慣、道徳及び罪悪は日本のそれらと合致するものであつて、かくて一見したところだけでも、両国に確固たる関係があるのである。言語は人類学者にとつて一番たしかな証拠となるものである。

同書はまた更に**ジョージ・スミス**の所論を引用して曰く、

彼のヴィクトリア時代の英国僧正にして公職を辞して一八五〇年に琉球を訪問した人――ジョージ

・スミス――は、この問題に関して次のように語っている。即ち琉球人は日本の植民であるとの見解は『大体に於て最も確からしいようである。日本人と琉球人とは人相上、言語上、及び習慣上極めてよく一致している。又琉球人はその文明及び文学の一部に関して、遙かに重要なお蔭を支那から蒙つていると云う見解も極めて確からしいようである。同国の政体は、直接日本に従属している文官のとり行う残酷な寡頭政治であるらしい。彼等は日本国を大いに恐れていて、保護を必要とするときには、支那にではなくて、日本に保護を求めるのである。二三百年前、明朝の時日本と支那との間に戦争が勃発したが、このとき支那は琉球を日本から背かせようとして、厳然たる独立の王国にとり立てゝやつたと云う歴史上の伝説がある。支那の領地であるしとして、新に即位した琉球王は、特に代理権を託されて福州より派遣された支那役人から、形式上の封地権を受けるのである。琉球からはこの福州へも、二年に一艘の朝貢船がさし向けられる。約二百年前、韃靼人が支那へ侵入して現在の外国王朝（清朝）を創始したとき、韃靼人の変改した服装と支配とに従うことを喜ばなかつた支那の家族約三十六が琉球に移住し、その子孫が次第に同国の啓蒙者となり、人民と融合したのであつた』と。

ベッテルハイム博士や**ジョージ・スミス**の所論は、大体において、**ペルリ提督**一行の実地調査によつても確認されたのであるが、果して然らば、明治政府が琉球をわが国の版図に編入して、これを沖縄県となし、その後、清国との間に紛議を生じ、**グラント**将軍の好意あふるゝ斡旋もあつたが、**リサンドル**将軍や**スミス**米人顧問等の助言にもとずいて断乎既定方針を貫徹したことは、今日の国際法の法理上からみても、当然の措置として是認せらるべきであろう。

六

のみならず、ペルリ提督自身の観察によつても、沖縄の住民の中では日本人が優勢を占め、同島の

「日常語は疑もなく日本語なのである」。そもそも、「提督の注意をしいた問題の一つは琉球人の由来であつた」。而して、周到なる実地調査および文献調査の結果、提督は右の如き結論に達し、次のように述べている。

提督は、自分でなし得た観察を基として、琉球人は多分、日本人（これが優勢である）、支那人、台湾人、及び恐らくはマレー人の混合であろうと考え、又遠い昔から居住民を有する同島は、難破のような事故のために時々近接地帯からやつて来た者をその住民のうちに加え、遂に全部を融合して今日の種族をつくつたのであると考えた、と。

しかし、ひとり琉球人ばかりではない、日本民族自体が人類学上、大体前記諸民族の混血になるものと考えられているのであるから、この点は問題ではない。重要なのは琉球の住民中、日本人が優勢を占めてゐるということの現実である。しからば、明治政府による琉球の日本本土編入は、単に法理上妥当の措置であつたばかりではなく、ウイルソン前大統領によつて提唱された民族自決主義の見地からみても、また当然の措置であつたといわねばならない。今回、再び沖縄の帰属が問題となつたが、以上述べたような次第であるから、法理上ないし民族自決主義の見地からみれば、それが日本に帰属すべきものであることは議論の余地はあるまいと思う。しかし、われわれ日本人としては、この際いたずらに旧来の主権概念や領土観念にとらわれてはならない。日本本土自体の安全保障についてさえ多大の不安の存する今日、徒らに沖縄の領土権を主張するが如きはナンセンスであろう。沖縄については、ペルリ提督も、アメリカ対支貿易の中継地として、つとに多大の関心を寄せていたが、第二次大戦後、国際情勢の緊迫に伴い、沖縄は俄然国際的重要性を加えるに至つた。われわれはこの現実をよく理解して善処しなくてはならない。たゞ、日本と沖縄とは、政治・経済・人種・文化等あらゆる見地からみて、つとに渾然たる一体をなしてきたのであるから、将来いかなる場合においても、彼我住民の居住・来往はもちろん、経済および文化の交流を自由にし、両者の一体関係を阻礙するようなことがあつてはならない。わたくしはかような線に沿つて、日本本土と沖縄との相互依存関係の強化と一体化のために、大いに奔走したいと思つている。

わたくしは、沖縄の帰属問題に関連して、日米両国の関係を歴史的に回顧してみたのである。これによつて、アメリカおよびアメリカ人が如何に親身に、開国早々の日本を育成強化するために肝胆を砕いたものであつたかわかつたであろう。わが国に対するアメリカの援助と指導は今に始まつたことではない。アメリカおよびアメリカ人の影響を度外視して明治政府の内外政策や明治文化を語ることはできない。

わが国の従来の政治史ないし明治文化史は、この際再検討を加えて書き改めねばならない、とわたくしがいうのはこれがためである《ママ》。わが朝野がはやくこゝに気づいて日米国交史を具さに研究していたならば、無謀なる太平洋戦争の如きは起こらなかつたであろう。いな、今からでも晩くない、われわれが偏狭なる先入見を脱落して日米国交の由来をたずね、併せて日露（ソ）国交史を研究してみるならば、今後再び日本丸の進路をあやまり、太平洋戦争の惨禍を繰返すことはないのであろう。わたくしはひとえにそれを祈念してやまない。

なお、沖縄の帰属を研究するには、上来引用したものゝほか、『琉球処分提綱』『維新当時沖縄之五偉人』、『尚泰公実録』等の諸書を参照せられたい。グラント将軍の意見、並に『琉球処分提綱』は『明治文化全集』第二十二巻に収められている。

青少年・学生諸君に訴う

——長野中学校五十週年記念式に際して——

これは昭和二十三年六月一日、長野中学（現長野北高等学校）創立五十週年記念式典に際し、東京在住同窓生を代表して式辞を述べることを懇請されたので、これを快諾して用意したものであるが、国会の都合で自ら出席することができず、人を派して代読させたものである。わたくしはこれを長中生諸君に与ふるにとどまらず、長中生諸君を通して全国の青少年・学生諸君に贈りたいとおもう。もともとそのつもりで書いたものであるから、ここに輯録することにした。

本日、母校長野中学の創立五十週年記念式典が挙行せられるに当り、東京同窓生を代表して、その席末に列し、親しく教職員各位・同窓生、および在校生諸君と相見え、祝辞を述べる機会を与えられたことは、わたくしの衷心光栄とし、欣快とするところである。

去る者日に疎し、という諺があるが、自分の母校というものは、日に疎しどころの話ではなく、日を経るに従って、却ってますますなつかしいものである。

そのなつかしい母校長野中学が明治三十二年創立以来早くとも五十年を経過し、この間数千の卒業生と幾多の人材を出して、国家・社会の進運に多大の貢献を致したばかりでなく、将来においてもまた校運いよいよ隆昌に赴かんとするのを見るは、同窓生の一人としてまことに御同慶の至に堪えないところであって、ここに謹んで御祝い申し上げる次第である。

ことに今日、この目出度き式典に列して、わたくしの特に嬉れしく思うことは、生徒諸君がいずれも元気溌剌としてをり、敗戦国民の暗さ、みじめさというようなものは、諸君の顔には認めるによしもないことである。質実剛健を旨とした長中の伝統が脈々として今なお残つていることである。申すまでもなく、わが国は終戦後、満三年に垂んとするにかゝわらず、思想界の混乱と、道義の頽廃とはますます甚だしく、軽薄なる享楽主義が滔々として一世を風靡するに至り、その弊風は一般青少年にも波及し、青少年学徒の犯罪がほとんど毎日のように新聞紙上に喧伝されていることは、周知の通りである。これが民主主義だなどと思つたらとんでもない間違である。民主主義は断じてかようなものではない。かのエドマンド・バークは、一国の将来をトせんと欲せば、その国の青年を見よ、と喝破した。まことに一国の将来をその雙肩に担うものは青少年である。その青少年がかような為体では祖国の前途はまことに寒心の至に堪えない。わが親愛なる金鵄長中生諸君はかゝる弊風に感染することなく、毅然として世の風潮を超越し、諸君の本分たる学業に、一意専心、勇往邁進せられんことを切望してやまない。明治の文豪**高山樗牛**は「吾人須らく現代を超越せざるべからず」といつた。諸君は須らく淫靡惰弱な現代を超越しなければならない。いうまでもなく、戦後の日本国民に課された焦眉の急務は祖国の再建である。敗残の祖国を強力なる民主的・平和的・文化的国家として更生せしめることである。これがためには、まずもつて国民の一人々々が、戦時中のそれにも劣らざる熱烈なる愛国心に燃えて敗戦に伴う一切の困苦欠乏を耐忍し、各自の職域において、全力を尽さなければならない。祖国再建の原動力は、いうまでもなく、愛国心である。

われらにして、いやしくも祖国を愛するならば、蹶然として祖国再建のため奮起せざるをえないであろう、けれども、もし祖国を愛せないならば、祖国を顚覆せんとして狂奔こそすれ、祖国を再建せんがために努力しうべき筈はない。まことに、愛国心こそは、祖国再建の原動力である。愛国心を軍国主義と即断し、愛国心をもつて民主主義と両立せざるものとなすが如きは、無上の謬見でなければならない。濫りに、他国を侵略し、戦争を挑発するような愛国心は実は国家的利己心ともいうべきであつて、真正なる愛国心ではない。かような似而非愛国心は断乎これを根絶せねばならぬことは、固よりいうまでもない。けれども、軍閥の投機より祖国を救わんがため、敢然時流に抗して平和主義を鼓吹するというような真正なる愛国心は、たゞに民主主義ないし平和主義と矛盾杵《ママ》格しないばかりでなく、実はその基底であり、これを確立する原動力であることを看過してはならない。

　されば、ポツダム宣言にせよ、新憲法にせよ、はたまたアメリカ教育委視察団報告にせよ、いずれも侵略的似而非愛国心は極力これが根絶を期しているけれども、真正なる愛国心は毫もこれを排撃してはいないのである。

　いな単にこれを排撃しないばかりでなく、これを涵養することこそ現下の急務であるとしているのである。これは、**松平参議院議長**から、直接聞いた話であるが、昨夏貿易回転資金が設置された際、参議院はこれについて特に院議をもつて**マカーサー**元帥に対する感謝決議をしたことは周知の通りである。松平議長がこの感謝決議を携えてマカーサー元帥を訪問したところ、元帥は、戦前の日本人は、愛国心に富み、勤勉で、しかも、謙譲の美徳をもつた立派な国民であつたが、戦後は全く惰落して劣等な国民になつてしまつたことはかえすがえすも残念である。われわれはアメリカ本国においてさえ乏しい食糧や資金を割愛して折角日本の再建に努力しているのであるから、日本国民もわれわれの意のあるところを諒として、戦前のような立派な国民になつて貰いたいといわれたということである。けだし、マカーサー元帥の忠告は戦後の日本国民に対する頂門の一針でなければならない。

　軍国主義国家を愛することは取りも直さず軍国主義であるかも知れない。しかし、戦後の日本は絶対無条件に戦争を放棄して今や民主的・平和的・文化的国家として更生するに至つたのである。されば、新憲法の日本を愛することは、やがて民主主義、平和主義、文化主義を愛護する所以にほかならない。されば、われわれは今こそ全心全霊を傾けて、祖国日本えの愛情を爆発させなければならない。由来、わが長中は、真正な愛国心の横溢するをもつて校風としてきたものである。されば、この学校に学ぶ諸君は、長中伝統の愛国心に燃え、造次にも顛沛にも祖国再建を念として、学業に精進されんことを期待してやまない。

祖国再建をせんがためには、更に人格の尊厳を基調とする自主自律の精神と公正なる批判的精神を涵養しなければならない。人格意識と批判的精神に立脚しない民主主義ないし平和主義は、砂上の楼閣であつて、畢竟画餅に帰するのほかはない。而して、自主自律の精神と公正なる批判的精神を涵養するには、まず教職員各位が新憲法ないし教育基本法の精神を服膺して、生徒をして偏見に陥らしめないよう飽く込《ママ》も公正なる民主的教育を行い、かりそめにも神聖なる教壇を利用して一党一派の主義思潮の伝を行うようなことがあつてはならない。

それと同時に、生徒諸君においてはまた、政治にかかわらず、世論に惑はず、いたずらに先生のアラ探しをするようなことなく、謙虚益を求むるの精神を以て、一意学問に精進し、しかもなお疑問があつたならば、自らこれを解決せずんばやまざる底の意気をもつて、奮励努力をしなければならない。学海は真に広大無辺である。それをおもえば、諸君は寸時も安閑としてをられる筈のものではない、**佐久間象山**先生曰く、

敏の一字は、これ学を為すの法なり。天下に学ぶべく、為すべきの務は、これの如くそれ広く、かれの如くそれ大なり。故に、学は以て敏ならざるべからず。孔子の聖なるも、猶且つ憤を発して食を

忘れ、敏にして以てこれを求めたり。

何ぞ況んや吾輩をや。

また曰く、

日沓一たび移れば、千載に再来の今なく、形神既に離るれば、万古に再生の我なし。学芸と事業と豈悠々たるべけんや。

これは象山先生の省諐録中の一句であるが、確かに千古の真理を道破した不朽の金言であるとおもう。願くは、諸君がこれを金科玉条とし、座右の銘として、ひたぶるに学問にいそしまれんことを切望してやまない。

また、わが国の生んだ最大の民主主義者であり、泰西のデモクラシーを率先わが国に導入された**福沢諭吉先生**は、明治戌申《ママ》の兵乱の際にも、一日も慶應義塾の授業を廃せず、学生を鼓舞激励して曰く、

昔々ナポレオンの乱に、和蘭国の運命は断絶して、本国は申すに及ず、印度地方まで悉く取られて仕舞て、国旗を掲げる場所がなくなつた。ところが、世界中わずかに一箇処を遺した。それは即ち長崎の出島である。出島は年来和蘭人の居留地で、欧洲兵乱の影響も日本には及ばずして出島の国旗は、常に百尺竿頭に飜々として和蘭王国は曽て滅亡したることなしと、今でも和蘭人が誇つている。して見ると、この慶應義塾は日本の洋学のためには、和蘭の出島と同様、世の中に如何なる騒動があつても、いまだ曽て洋学の命脈を断じたことはないぞよ、慶應義塾は一日も休業したことはない。この塾のあらん限り、大日本は世界の文明国である。世間に頓着するな、と。

これは「福沢翁自伝」中の有名な一節である。この自伝は伝記文学中の逸品であるばかりでなく、現代日本文明の由来を知るにも必読の文献である。わたしはこの文献の一読を諸君にすゝめると共に、諸

君が先生の精神をとつてもつて諸君の精神となし、わが金鶏長中のあらん限り、日本国は世界の文明国であるぞよといふ底の気慨と気魄とをもつて一意専心学問に勇往邁進されんことを至嘱してやまない次第である。

初代校長**三好愛吉先生**は、この中学を金鶏城と称し、生徒に対して、常にこゝに籠城して学問に専念せよと訓戒せられるを例とした。今や時世は一変して民主主義の時代となつた。しかし民主主義の喧伝せられる今こそ諸君が金鶏城に籠城すべき秋でなければならない。

わたくしは、学生時代より今日に至るまで終始一貫民主主義の確立を念願してきたものである。大学を出て間もない頃に、英国の**コンラード・ギル**博士の「民衆と政治」を飜訳して刊行したこともある。その後、貴族院書記官長ないし参議院事務総長として、三十余年にわたつて国会の運営にたずさわり、デモクラシーの確立に努力して来たものであるが、しかし祖国日本の現状を眺め、また諸君の前途をおもう時は、真に寒心の至り堪えない。そこで、この目出度き式典に際し、諸君と相見えたるを機会として、諸君をおもうの老婆心——いな老爺心から、平素の所懐の一端を述べて、はからずも長談義に及んだわけである。

重ねて諸君と共に、この目出度き式典を慶祝し、母校長中の校運の将来ますます隆昌ならんことを祝祷して、併せて教職員各位並に生徒諸君の御健闘を祈念してや《ママ》ない次第である。

議事堂本館西南面より観たる議事堂の偉容

東正面中央部

便殿（窓側）

便殿内御座所

中央広間正面

中央広間

建築技術と国産資材の粋をあつめたもの

『議事堂の話』で話したように、現在の国会議事堂は、近代の建築技術の粋と、全国各地の特産資材の粋とをあつめて出来たので、世界上のどこの議事堂にくらべても、敢て遜色のないものである。こんな立派な建物は、今のわが国の国力ではとても出来るものではない。今後二十年や三十年経つても、恐らく不可能であろう。これは実に明治維新以来、太平洋戦争の勃発に至るまでの数十年間において、逐年発展し、累積されてきたわが国力を象徴する唯一の歴史的建造物である。この意味において、一生に一度は必ずこの議事堂を参観しておかれることをおすすめしたい。のみならず、今や民主主義の時代となり、政治は国民自身が、国民自身の手によつて、国民全体の利益のために、これを行うべきものとされたのであるから、われわれの政治が何処で、どういう風にして行われているかということは、新憲法下の国民として当然知つて置かなくてはならないことである。この意味においてまた、一度は両院の議事を傍聴するときに、議事堂を参観しておかれた方がよいとおもう。以前はなかなかやかましかつたのだが、終戦後は、両院共に国民に開放されたから、いつでも参観することができる。外来者の受附に来て、参観を申出れば、衛視諸君が御案内して、懇切に説明してくれる筈になつている。しかし、折角参観されても、予備知識がないと、充分この議事堂の真価を理解することはできない。いわゆる猫に小判というわけであり、喰へども、味はひを知らずということになる。それでは議事堂が泣くというものだ。衛視諸君が懇切に説明してくれるけれども、それを一々記憶しておくことはむづかしい。それでは土産話も出来ないわけである。だから、議事堂の参観には手頃な案内書がいるわけであるが、そういうものはまだ出ていない。そこで、わたくしは『議事堂の話』をした序に国民各位が議事堂に来られたならば、必ず参観しなければならない主要な箇所について、御参考までに、平易簡明にしてしかも正確な説明を与えて置きたいとおもう。

議事堂の規模

順序として、まずその規模の一端を示すと、

敷地坪数　二一、九三六・五八坪
敷地標高
　本館周囲地盤　海抜八八尺
本館正面馬車廻し前地盤　同　八七尺
正門地盤　同　七五尺
正門前地盤　同　六七尺
西側永田町通地盤　同　九八尺
北側通用門附近地盤　同　八四尺

本館
　坪数｛建坪数（主階）　三、七五〇坪
　　　　延坪数　一五、七八〇坪
　幅員｛正面長さ　六八一尺
　　　　側面長さ　二九二・五尺

高さ	一般高さ	六九尺
	中央塔高さ	二一六尺
主要室数		四一二
議席数	参議院	四六〇席（最大限六三五席）
	衆議院	四六六席（最大限六三五席）
傍聴席数	参議院	七七〇席（内記者席九二席）
	衆議院	九九二席（内記者席九〇席）

右の通りであつて、鉄筋コンクリート建築物としては我が国第一であり、国会議事堂として世界第三位であり。その中央塔は京都の東寺五重塔より三尺余も高い。

〇

次に各階の配置の主なるものを挙ぐれば、

地階　両院傍聴人玄関、機械電気設備、倉庫事務室

一階　両院玄関、両院事務局事務室、医務室、郵便局、理髪室、食堂

二階　中央玄関、中央広間、帝室階段、内閣総理大臣室、国務大臣室、政府委員室、本会議場、議長室、議長用サロン、副議長室、事務総長室、議員控室、議員食堂

三階　便殿前広間、便殿、皇室関係控室、両院協議室、予算委員室、各種委員会室、議員控室

中三階　新聞記者室、事務室

四階　国会図書館分館、新聞雑誌閲覧室、書庫

等である。また議事堂周辺には法制局、常任委員会庁舎、議員会館、速記者養成所、新聞記者会館等の

諸建物が新憲法の施行に伴つて整備せられた。

○

主要箇所の説明

一　中　央　玄　関

本館主階中央東正面に在り、前方に中央大車寄を控え、正面には中央広間に登る大階段があり、幅七二尺、奥行二七尺面積五四坪の長方形をなし、正面大階段の部分は幅二四尺奥行二一尺の入込形をなしている。

正面の扉は東京美術学校製作のブロンズ扉ではめ込となつている。床は大理石敷で使用大理石は貴蛇紋、茨城白、黒霞で、正面の中央部幅十二尺に真紅の毛絨壇《ママ》敷となつており、壁は徳島県産加茂更紗大理石貼りである。

二　中　央　広　間

広さ九間四方、高さ一〇七・六六尺、周囲の壁は沖縄県瀬底島及び宮古島の珊瑚石灰石、床は大理石モザイクで、そのテッセル一箇の大きさは約六分角、総計約百万個を以て星形文様を中心とした唐草文様を表わし、周囲は同じく唐草を以てボーダーを加えてある。四階アーチの肩の四隅は春夏秋冬を意匠した油絵壁画を貼つてある。また憲政の功労者板垣退助、大隈重信、伊藤博文の三基の銅像が安置してある。

三　帝　室　階　段

中央広間より三階便殿前広間に昇る大階段で、幅二四尺、一二級づつ三十六級あり、室の延長六一尺五寸、面積四十坪、階段及び踊場床は茨白大理石、この中央部幅十二尺は毛絨氈敷で、左右壁面は時鳥大理石貼、又同大理石貼の独立柱を二本づゝ吹寄せに配し、天井は筒形天井とし三心円形をなし、独立柱毎にアーチ形の梁形を配し、格縁を組み、各格間に小花を配し、いずれも石膏製にてペイント塗仕上となつている。

四　便　殿

三階西正面中央にあり、左手に皇族室、右手に御厠、御化粧室となつており、面積二丸《ママ》坪二五、国風の意匠を採用している。

内部は東京美術学校施行の本漆塗、壁は草山織、小壁は金糸の霞刺繍、床は絹緞子の継目なし一枚織である、鏡の所の四本の丸い柱は乾漆といつて、漆を数百回塗つて彫刻したもの、鏡の下の大理石は静岡県産の紅葉という。この小豆色の紅葉という大理石は宝室専用のものであつた。柱及び天井の格子目の金具は、金の透視彫で、扉は「高蒔絵」といつて真珠貝をちりばめ、電灯のシャンデリヤ及びガラスは特殊ガラスで、灯光を吸収してまぶしくない様に出来ている、この便殿は桃山時代の宮殿の造りを真似て、宮中にあつた鳳凰の間と同じ造りである。便殿の入口の半円柱は一つの大理石を刳貫いて造つたものである。なお便殿の造作は檜に漆を塗つたものである。

五　皇　族　室

面積二四坪二七、便殿と同じく国風の室で大体便殿に準じ、暖炉前飾りは福岡県産金草大理石造りである。

六　総　理　大　臣　室

西正面中央部二階にあり、大臣室前広間に面し、大臣室及び内閣附属応接室に隣接している。暖炉前飾は岡山県産黒柿大理石を用い、造作はチーク材を用いてある。

七　本会議場

衆参両院の本会議場は全く同様で、議事堂内二階にある最も大きな部屋で、幅百五尺奥行七十八尺の矩形をなし、面積二百二十五坪天井の高さ四十二尺二寸あり、参議院の議場は開院式の式場に充てられるため玉座があり、玉座は北側にあつて南面し、議長席の後上方にある。御席所は参議院議場には、議長席の正面傍聴席の中央部に、衆議院議場は議長席の背部の上方に設けられている。

両院共議長席は中央にありその前に演壇、演壇の前方下段が速記者席、議長席の隣り右席が事務総長席、両側の前方は各国務大臣及び政府委員席その後方は各院参事席、議員席は議長に対し半円形に設けられ後方に行くに従つて高くなつている。傍聴席は三階に議長席側を除く三方に議場を望める様に階段式に出来ている。新聞記者席は傍聴席の前側にあり原稿発送用の気送管設備もある。傍聴席の隣り議長寄り両翼に半円形に突出した席は貴賓席となつている。造作は欅の柾で浮彫に彫刻が施こされ防響用を兼ねている。議席の材は吉野の本桜で出来ており、記者席手前の彫刻は士農工商を表わし、玉座の壁及び緞帳は錦、床は絹の緞子張である。議場の床は毛緞子敷、正面大壁は麻で出来ている。本会議場の照明はステンド・グラス囲いで、昼間は七五〇ワット（一五〇ワット五箇）の電球二〇箇、夜間は更に天上裏に一五〇ワット四百箇近く使用している。

議場内の温度は開会中常に摂氏二〇度内外に保持するよう自動装置が施されている。

八　議　長　室

両院の議長室共に議場の議長室より最も便利な左右両翼部二階の中央にあり、意匠材料仕上全く同一で、面積一七坪二九一ある。床周囲は寄木貼中央部は一枚織毛緞通敷で、壁は低腰目、長押付裂地貼で、一方の壁面に鏡を備えた暖炉があり、造作は欅材ラック塗仕上、裂地は絹緞子、暖炉前飾は鶉大理石造として鏡上部には孔雀文様を刺繍した絹梨地織を貼り、小壁は石膏彫刻付漆喰塗りで、ペイント塗仕上となつている。

○

議事堂建築の特色について

議事堂の建築はその規模において雄偉宏大であるばかりでなく、外装・内装、一石・一柱・一刻をもゆるがせにした所なく、加うるに附帯設備、例えば暖房・換気・汽罐室・冷房・温湿度調整測定・エレベータ及びリフト・気送管・真空除塵・防火・衛生・給水・給湯・排水・瓦斯及び炊事・変電・電灯・動力・電熱・電話・諸通信施設・拡声装置・表示器・電気時計・一般招呼電鈴・非常警報・火災報知・避雷施設等の諸設備はすべて最高の科学技術を動員し、又これら建築用諸材料については生産工業の極めて未熟であつた明治時代から国産品を以てすべきことが高唱せられた所で、本建築の基本計画においてもこの精神に則り、これが実現のためには、種々に苦心して調査研究が重ねられ、真に已むを得ないものゝ外はすべて国産品が使用せられている。即ち構造主体である鋼材・セメント等を始め、外装用石材・内装用石材・造作用木材、各種ブロンズ装品・室内装飾用織物および敷物等すべて多大の苦心の結果悉く国産品である。また附帯諸設備用の各機械器具材料等も出来る限り国産品が使用され、特許関係その他により已むを得ず使用された一二の外国品に付いても、使用上の不便を除くために新に工夫を加える等の改良が加えられた。

今日においてはその国産品たるに何等の疑問なく、寧ろ当然と思われるものでも、本建築設計並に工事実施当時においては、未だわが国に適当な生産乃至産出品なく、ためにその実施に一方ならぬ苦心を重ねたものが少くない。工事の初期において已むを得ず外国品を使用した防水用材料、錠前の部分品、鏡硝子等僅少の物資についても、わが国建築工業漸次発達して信頼し得る製品の生産を見るに至るや、爾後の分はこれ等国産品を以てする等、飽くまで国産品尊重の実を上ぐるに務めたのである。このように本建築における国産品の使用は画期的の大事業で、その終始一貫した熱意は直接間接の刺戟となり、設計および施工上の技術的研鑽と相俟ち、わが国の建築工芸およびこれに関連した諸産業の進歩発達に寄与した所尠くない。またこれ等諸材料の産地は旧日本版図の全区域に亘り、本州・四国・九州は勿論、北海道・樺太・朝鮮・台湾より満州におよび、本議事堂が全国より選良を集めてわが国政を議する殿堂たるに鑑み、精神的にもまた誠に意義深きことゝいわねばならない。

○　跋

小林先生について

小林次郎先生は大正六年東京帝大法科大学を卒業するや、直ちに司法官試補を命ぜられ、また沖縄県属（後に理事官）に任ぜられ、那覇警察署長や産業課長等に補せられたが、大正九年貴族院書記官を拝命、自来累進して同院書記官長に任ぜられ、勲功によって貴族院議員に勅選されたが、依然書記官長を兼ね、特に親任官の待遇をたまわった。この間において議会制度審議会委員、憲法改正審議会委員等を仰付けられたが、日本国憲法の施行に伴い、従来の貴族院に代って参議院が創設されることとなるや、先生は参議院開設準備委員長として大いに尽力され、予定通りその開設を見るに至らしめたのである。いよいよ参議院の成立するや、先生は議員の輿望を担って初代事務総長に選挙され、開設早々の参議院運営のため具さに肝胆を砕かれたのであったが、議院運営の軌道も漸く確立するに至ったので、勇退を決意され、知友ならびに職員一同の痛惜裡に、昨秋円満退職されたのである。その在職は実に前後三十年の長きに及ぶ。その間、農商務書記官、内務書記官、行政裁判所評定官等を兼任されたこともあるが、先生の精根は主としてわが国上院の運営と議会政治の確立に傾倒されたのであって、先生の一生はそのまま生ける憲政史であるというも過言ではない。

○

先生はつとに**民主主義者**であり、わが国における民主政治確立のために奮闘して来られたのである。アプレゲールの自称民主主義者たちと異り、先生の民主主義は便乗的、迎合的なものでなくて、信念的のものであつた。貴族院書記官時代に、先生が英国バーミンガム大学教授**コンラード・ギル博士**の『民衆と政治』の大著を飜訳された一事は這般の消息を闡明して余蘊を存しない。由来、貴族院は保守主義・官僚主義の権化と見做されていたものである。その貴族院の書記官の職を奉じながら、『民衆と政治』を飜訳刊行するということは、余程の信念がなければできないことである。

○

先生は、また、つとに**平和主義者**であつて、過般の戦争の酣なる時において、同志と共に、敢然和平工作を試みられたのである。**加瀬俊一**氏は、『文藝春秋』の本年五月の特別号所載の「重光葵」の中で、**小林先生**に言及し、「貴族院小林書記官長も亦憂国の赤誠あふれる達見の人物で、陰に陽にわれわれを援助してくれたが、同書記官長は屢々貴族院の高名なる幹部を集めては外相と懇談する機会を作つてくれた」と述べている。これは先生にとつて生命がけの仕事であつたに相違ない。国運民命に関する重大問題の起るに際して、民主主義者、平和主義者として、先生が大きな役割を演じて来られたことがうかゞわれるのである。

○

先生は酒も煙草も一切たしなまず、つとに育英事業に多大の関心を寄せられ、参議院事務総長の要職にありながら、かたわら財団法人**信州学生協会**理事長、および同**信濃育英会**常務理事等として、学費や下宿難になやむ学生諸君の世話をすることを三楽の一としてをられる。これがため、郷党の子弟の先生を視ることあたかも慈父の如きものがある。

○

先生は、また、わが国の現状に鑑み、治山治水の一日もゆるかせにすべからざることを痛感せられ、日本砂防協会幹事として東奔西走、席あたたまるにいま《ママ》なきほどの活躍をしてをられる。われわれは深くその労を多とするものである。

先生はまた消防組織とその施設の整備・改善を期するをもつて、復興途上にあるわが国現下の急務であるとしてをられるのであるが、近く**日本消防協会**の推薦によつて、その理事に就任されることになつている。

○

先生は、戦時中の極論なる軍国主義の反動としてやむを得ないものであるとはいひ、昨今における国家意識や国民意識の消磨甚しく、国家の象徴たる天皇や国旗を自ら軽視して怪まぬ風潮を慨嘆し、これをもつて民主日本の将来に一大禍根をのこすものであるとせられ、前司法大臣にして、前貴族院議員たる**川村竹治先生**等と相諮り、**社団法人日の丸会**を結成し、川村先生を会長に、自らはその理事長に推挙され、朝野の同憂具眼の士と相携いて、一大国民運動を展開されることになつた。

○

先生畢生の念願は日本国憲法の大理想の現成し、もつて、日本国をして民主的・平和的・文化的な理想国家たらしめ、祖国日本をして国際社会において名誉ある地位を占むるに至らしめるにある。

されば、先生は**天皇制擁護論者**であり、**国体護持論者**である。ひとり日本国ばかりでなく、どこの国でも、いやしくも国家である以上、国の象徴であり、また国民統合の象徴たるものがなければならないのだが、わが国においては、**万世一系の天皇**を措いて他にこれを求むべくもない。

天皇制と民主主義とは決して両立しないものではない。それは**イギリス**の例を見ても明かであるが、これをわが国史に徴するに、大化の改新といひ、明治維新といい、はたまた帝国憲法の制定といひ、わが国における民主的大改革という大改革はみな天皇の稜威により、天皇の名において断行されたのであつて、天皇制こそは日本民主化の原動力であり、推進力であつたのである。帝国憲法の改正に際して、ある種の政党や一部の論者は大声疾呼、天皇制打倒を力説喧伝したのにかかわらず、**日本国憲法**が第一条において、天皇をもつて日本国の象徴であり、国民統合の象徴であるとなし、しかも第二条において、天皇の地位を世襲のものであるとしたのは実にこれがためである。日本国憲法は、従来の大権事項を削除し、天皇は国事に関する行為のみを行い、国政に関する権能を有しないものとしたが、かく改正した主たる動機は日本を民主化するとともに、天皇無答責の原則を確立して、皇位の安泰を図り、わが皇位をして真に天壌無窮ならしめんとするにある。これが日本国憲法の根本精神である。日本国民はこの点を銘記しておかなくてはならない。小林先生が天皇制擁護を主張せらるるのもまたかかる理由によるのである。すなわち、先生の主張はわが国最大の民主主義者たる**福沢諭吉先生**の『尊王論』や『帝堂論』の主張と相通ずるものである。先生は古来わが国民主化の原動力であり、推進力たる天皇制を護持し、よつてもつて、平和主義・文化主義・民主主義を基調とする日本国憲法の大理想を現成し、終戦以来断行された政治上・社会上・経済上の民主化を強力に推進して行くべきことを期してをられるのである。先生は単なる保守主義者でもなければ、軽率なる進歩主義者でもなく、両者を止揚した保守的進歩主義であり、進歩的・保守主義である。これを経済政策についていえば、いわゆる資本主義でもなければ、またいわゆる社会主義でもない。両者を止揚した近代民主主義であり、真正民主主義であつて、要言すれば、**ポツダム**宣言にいわゆる民主主義そのものであり、日本国憲法の精神そのものである。それは、成年以上の男女をして平等に国政に参与せしめ、農民に土地を与え、財閥および国家の独占を排除して中小企業の存立を保障し、労働組合の健全なる発達を助成して労働条件の維持改善を図らんとするものであつて、終戦以来相次いで断行された諸般の画期的大改革はいずれも日本国憲法の基調たるこの近代民主主義の発現にほかならない。終戦以来、マルクス、エンゲルス、レーニン等を祖述するわが国の一部の社会主義者や共産主義者は頻りに民主主義を喧伝してゐるが、かくの如きは彼等の常套手段たる欺瞞的デマ宣伝であつて、彼等は日本国憲法に便乗し、民主主義の名にかくれて、実は日本国憲法を破壊し、民主主義を蹂躙して、日本国民をプロレタリアート独裁下の奴隷状態に突落さうと企図しているのである。先生は彼等の欺瞞的デマ宣伝を粉砕して、日本国憲法を護持し、政治上・社会上・経済上の民主化を強力に推進して、正義に立脚した国際平和を確立すると共に、国民の権利自由の伸長を期してをられるのである。これが先生の政治的立場である。

○

先生は、貴族院在職中、官命によつて欧米諸国に出張されること〔三〕回、満洲および中華民国に出張されること〔五〕回、このほか、南洋群島・比律賓にも出張してをられる。かくてその足跡は全世界におよび、具さに国際情勢に通暁してをられるで《ママ》あつて、現に社団法人比〔律賓〕協会〔「および同日伯協会等」を削除〕の理事として、国際親善のために健闘してをられるのである。国内の法制・政治に通暁するとともに、国際情勢について深き認識と洞察力とを有すること先生の如きは、戦後のわが国においては絶えてなくして僅かにあるのみ。これわれわれが先生を推重して措かざる所以である。

○

本書刊行の経緯については、その序文において、先生自ら詳しく述べられた通りであつて、本書の刊行はもともと先生の本意ではなかつたのである。しかし、先生としては不本意であり、本満《ママ》足な本書と雖も、われわれ後進を裨益することは必ずしも尠少でないことを信じて疑はない。先生は近来にわかに多事多端を極め、名実共に東奔西走、寝食を忘れる状態であるために、充分なる校閲を煩わすことができなかつたことは遺憾である。従つて、文責並に刊行に関する一切の責任は挙げて編者にあるものであることを御諒承願いたい。

今回は大衆的読物たらしめんがために、随筆風のものを出したのであるが、いづれ先生の御許しを得て、近き将来において、政界秘史ないし側面史ともいうべき、体系的な先生の回顧録を刊行したいと思つている。

船山　市川正義記

昭和二十五年四月下浣

昭和二十五年五月十日印刷
昭和二十五年五月二十日発行

国会生活の思い出

定価百円

著作者　小林次郎
東京都港区芝白金三光町二五〇
発行者　田谷泰三郎
東京都千代田区神田神保町三の二三
印刷所　旭印刷株式会社
印刷者　鈴木竹次郎
発行所　松籟堂出版部
東京都港区芝白金三光町二五〇

論稿類

一、学生時代関係

1　森の男「見てくれ給へ」

出典：長野県立長野中学校校友会雑誌部『校友会雑誌』第一四号（一九〇九年）

見てくれ給へ　　　　　　　　　　　　森の男

序

僕は来る三月卒業せむとするものである。去るに臨んで、今迄機会がなくて云へなかつた事柄を、あれやこれや、書いて諸君の御目にかける事にした。文章は拙いし、説は陳腐だし、論法は懐手式推理法と来て居るから、嫌だろうが暇が有つたら読んでくれ給へ。で間違つて居る処も有らうから、批評的の目を以て読んでくれ給へ

一、文芸を味はへ

近頃の学生は一般に趣味が低くなつて、俗歌を上手に歌ふ様な学生は多くなつたが、和歌を詠んだり、詩を賦したりして、文芸を味ふと云ふ様な学生は、少なくなつた様に思はれる。此事は常々思つてゐたが、今度二三子と校友会雑誌編輯の任にあたる様になつて、尚更痛切に感じた。今年などハ実ニ酷い。和歌や俳句は、小池君や宇川君等の手によつて、辛じて埋める事が出来たが、漢詩や新体詩は、一首も出ない。一時校友会雑誌と云へば、詩や歌で殆ど埋められて居つて、文芸雑誌の如き観があつたさうだ

が、其時代に比べると、今日の学生の、文芸の方面の趣味に無頓着になつた事の甚だしいには、驚かずには居られない。詩を作るより田を作れと云ふ様な、物質的に傾いた現代の青年に対して、詩を作れだの歌を作れだの云ふは、少々無理かも知れんが、いくら物質的社会の人間だからと云うて、勉学の余暇に、詩歌を作る位の余裕はあつて欲しいものだ。

二、誇大狂

世の中には妙な癖の人間が多いが、中で一番癪に触るのは、自分で実際偉らくもない癖に、偉らがる人間である。斯う云ふ人間は、俗に「御天狗」「高慢気違」など云つて居るが、一般の人々は、気違とは思つてゐないらしい、処が医学上では立派な気狂で、誇大狂と名付けてゐるさら《ママ》だ。真似許り柔道を習つたからと云うて、「天下の柔道家は拙者で御ざい」と、云はぬ許りに肩で風を切つて歩く人間や、少し位英語を囓つたからと云ふて、彼の先生の発音は成つて居ないとか、此先生の訳は十八世紀式だとか云つて、自分は天下の英学者になつた様な積りでゐる人間などは、誇大狂の好適例だと考へる。然し此気違は他の気違と異つて、無理に瘋癲病院に入れなくても、心の持ち様如何で、十分自宅療養の成功するものださうだから、自分で少し変になつたと感付いたら、心を確かり持ち直し給へ。幼年組二級位の人間の柔道は、到底畳の上の柔道に過ぎないし、アメリカンズ一冊位読んだつて、神田さんや、齋藤さんらは幾千段上にゐらつしやるか、分かりしないからね！。

三、服装に就て

次に服装にて一寸述べよう。或は学校の主義と違つて居るかも知れぬが、一説として聞いて置いて呉れ給へ。私の考では、近頃学校の主義はあまり極端にに《ママ》しりはしないかと思われる。即ち金をかけても、汚ない服装をして居ろと云ふ主義になりはしないかと思はれる。夏服などは其例だ。人間と云ふ物は、其人の人格を保つには、或程度迄服装に注意する必要があると思ふ。質素と云ふ事はよい事であるが、それが極端に走つてしまつては、奇を衒ふと云ふ点から考へれば、極ハイカラにすると、其間に何等の選ぶ処がなくなる。あまりハイラ《ママ》な人間を見ると嘔吐を催すが、あまり質素の極端に走つたのを見ても頭痛がしてくる。吾人の偉大なる先輩佐久間象山先生は、自己の威厳を保つ為に、借金して迄も、毎日垢の付かぬ白襟紋付を着て居られたさうだ。借金をして迄《ママ》も、服装を美しくする必要はあるかどうか知らんが、兎も角も象山先生は分つた人だと思ふ。その為か、吉田松陰先生が始めて象山先生に遇はれた時。自己の如何にも見苦しい風采をして居るに引きかへ、象山先生は今述べた様な服装をして、虎の皮の上の泰然と控へて居られたのを見て、少なからず尊敬の念を起されさ《ママ》うだ。故に吾人は経済の許す範囲内に於て、又学生としての体面を汚さぬ範囲内に於て、清楚な服装をしてゐる可きである。小倉服のつぎの当つた、雑巾の様なものを着て、「我輩こそは天下の秀才で御座い」と済して居たつて、成程彼は偉いものだ、世にも稀な人だと云つて誉める様な馬鹿は、今の世に一人もありやしまい。若しそんな汚い風采をして居て、それで威厳のある人間があつたとしたら、寧ろ其まはりの汚いものを取り去つて、裸にしたら、尚威厳が明瞭に発揮されるであらう。況んやこれに美しい錦の衣を着けさせるに於ては如何であらう。野原に犬の糞が堆く積んでゐる傍に咲いてゐる菫の花と、立派な玉をちりばめた鉢に植ゑてある菫の花とを比較して見て、どちらが美しく見えると云ふと同じであらう。同じ美しい菫でも、立派な鉢に植ゑてあるのは、一層美しく見えるだらう。人間だつて同じ事だ。嘗て一高の岩切君が、何処かで元老大臣と云ふ様な人間だつて、大礼服一皮むけば鬚の生えた二股大根に過ぎぬと、絶叫したさうだが、実に巧く云つたと思ふ。元老大臣と云へば、兎も角も当代に於て修養のつんだ人である。それでさへも其威厳を保つには、相当な服装をせねばならぬ。まして吾人に於てをやだ。五千年の歴史を繰り返したつて、ダイオヂニースの様な人は、そんなに沢山は見当りやしない。然し諸君が御閑の折に、御堂の方へ散歩されたならば、必ずや日当りよき処で、半風子を捩つてゐる、今ダイオジニースを沢山に見るだらう。而して其スタイルが諸君の脳髄に、世にも稀な人格だなあと云ふインプレツシヨンを与へるだらうか、決してそんな観念は起るまい。然し其服装の汚いと云ふ点だけは似て居る。これを以ても服装許りがいくら質素、極端に云へば汚なくたつて、人格の上るものじやないと云ふ事が判る。故に吾人は出来るだけ服装を清楚にせにやいかん。

四、学校騒動

我長野中学校は実に美はしい歴史を有して居る。学校騒動などは創立以来一度もない。又今後もないだらう。然しロマンチクの風潮が蔓延するに従つて、未来絶対的に無いと云ふ事は保証出来ぬから、此に一言して諸君の注意を促がさう。戦争が国の進歩に必要な如く、学校騒動は学校の活気をつけるに善いものだと云ふ様な浅薄な考の人間もないでもないが、そんな人間こそは、実に吾人学生をして迷はしむるもので憎む可きものだ。

昨年、全国の学校騒動の文部省へ報告されたもの五十余件だつたと教育時報に見えたが、何故現代の青年は、かやうに軽佻浮薄になつたかと思ふと情けなくなる。その原因予防策に就ては、専門の学者達が研究して居られるから、遠からず適当な方法が発見されるだらうが、吾人の考によれば、先生と生徒との間の意志が、疏通しない事が最大原因だと思ふ。其証拠には小学校には、学校騒動のおきた例はないじやないか。それで両者間の意志を疏通するには、一週に一度や、二度教場で顔を合わせる位じやいかんと思ふ。それで先生方には御迷惑かも知れんが、機会の許す限り訪問する様にし、それから学校では、十分の休にでも、なんでも、先生は先生、生徒は生徒で、話し合つて居るよりも先生を引張り出して来て、両者打ち交つてノックでもする様にしたら、両者の間の関係はうまくとれるだらうと思ふ、然し後者は、比較的若い先生方に御願ひするのだ。いづれにせよ、先生方から云へば、年齢も違ふし、学識もずつと低い人間を相手にされるのだから、あまり愉快には感じられやしまい。僕は後にも前にも、一度博物の先生を訪問したつきりだ。こんなやうだから、五年も同じ学校に居りながら、先生方の意志も知らんければ、こつちの意志も御分りにならん様子だ。斯う云ふ様では、一朝一つの誤解が生じた場合には、学校騒動に化けるのだと思ふ。諸君は宜しく、先生方の御邪魔にならぬ範囲内にて、先生方を訪問したまへ。

五、短艇部設置

突然こんなことを云つたら、「岡の上でボートを漕ぐ気か」と笑ふ人もあらう。成程信州は山国だ。信州の山猿と云へば、天下に名高い。しかし、いくら山国だと云つても、日本群嶋中の一小国だ、二十里行かないで海に出る。支那の人間や、アメリカ内地の人間とくらべたら、吾人は海の河童だ。水を泳いだり、ボートを漕ぐ法位を知らなきや、吹けなりじやないか。幸に我校は汽車道一時間位の処に、芙蓉の湖を控へてゐるじやなかい。且亦今や、多年帝大のボート部に其人ありと聞えた安達先生や、海坊主の御友達の平井先生が居られるのだから、此機を利用してボート部を起したならば、我校のボート部は永遠に栄えるであらう。嘗て此事は、今七高に居る小山氏等が熱心に唱へられたのだが、時利あらずして成功しなかつたのだが、今度こそは成功させたいものだ。鉄道院と交渉したら、少しは汽車賃も安くして呉れるだらう。ボート部が駄目だつたら、せめて水泳部でも宜い。然し那翁が云ふた通り、不可能と云ふ字は愚人の辞書にのみ存するものとしたら、賢明なる諸君の尽力の如何によつては、確かに成功するだらう、又成功せねばならぬ筈だ。

2 飯綱峙楼「中学卒業生諸君へ」（一）〜（四）

出典：『信濃毎日新聞』一九一三年三月八日、九日、一一日、一二日

鹿児島より　飯綱峙楼

中学卒業生諸君へ

（一）

僕は卒業生諸君のために瑣老婆親切を致さんとするものである。諸君は五年蛍雪の労空しからず目出度く卒業せられんとして居るのである。諸君の心中を察し又自己の経験に愬へて衷心慶賀の意を表すると同時に将来の諸君の健全なる発達を希望してやまぬのである。

諸君が卒業の歓楽を夢見るとゝもに起るのは今後如何なる学校に入学す可きかと云ふ問題であらう。諸君も早残り少い今日であるから諸君は既に各々其志す所に従ひ高等学校、実業専門学校、医専、陸海軍諸学校、或は高等師範、私立大学と云ふ様に略決定した事であらうと思ふが先づ暫くの間僕の云はんとする所を聞いて呉れ給へ。

諸君は自己の志望校を撰定するには先づ三方面より考へねばならんと思ふ。脳力、体力、金力此三である。僕が他国人と較べて見るに脳力の点に於ては信州人は確に卓越して居る。然し同じ優秀な脳の中にも個人々々について考へて見ると特に数学に巧妙だとか暗記物がよいとか語学に長じて居るとか云ふ区別はあるものである。各人は自己の志望を定むるに際してはこの点を考慮せねばならぬ。数学に秀でた人は軍人、技師等に適して居るから其志望校は当に陸海軍諸学校、農業工業等の実業専門学校、高等学校二部等なる可きであり暗記物がよい人は高師等が適して居るだろうし語学に巧みな人は外国語学校、高商、高等学校の一部乙類（文科）等が相当しい。三つに兼ね長じて居る人にして始めて高等学校の甲、

丙類を志望す可きである。如何となれば法科を修むる人は他日帝国万民の上に立ち之を統御し行く可き重大なる責任あるものであるから。然し之は僕が高等学校へ入つてから始めて感じたのである。多数の人々は左様であると思ふが僕は中学時代に野次つた人などは法科へ行けば必ず成功すると思つたので法科を撰んだのであつたが将に高等学校も終へ大学のコースを踏まんとして居る今日自己の考の誤謬なりし事を感ずるの念が痛切であるから特に御注意申して置くのである。人はよく信州人は法科に適して居ると云つて法科を修むる人が多いが伝聞する所によれば諸君の中にも法科が多いとの事であるが実際然るや−僕は左様には思はぬ。法科大学の卒業生中恩賜の時計を頂いた信州人が一人もないのはよく事を証明して居る。中学卒業当時にあつては大臣だとか侯爵だとか大勲位だとか云ふものゝみが吾人の頭脳を支配して居たのでそれに達するの道の難易などは考慮する余裕がなかつたのである。今から考へて見るとシンプルであつたのだ。僕は諸君をしてこの悔を繰り返へさせぬために切に法科にはあまり適しない信州人、特に少しの藩閥をも有せざる信州人は多大なる自信あらざる限り法科志望を断念する事を忠告するのである。「余が懸河の弁には朝日の秀嶺、裾花の清流もやんやと喝采したから」等と云つて自己の脳力をも顧みず法科等を志望するのは水底の月を探らんとする猿と同じ人である。豈法科のみならず其他も皆然りであるが他の方の事はあまり精しくないから論ずるのは止る」。

（二）

次に体力である、身体強健にして長寿なる事は成功の要素である、山県公、大山公、桂公の如き人々でもあれが四十や五十で死んだなら陸軍少将従四位位が関の山であつたゞらう、児玉源太郎伯や川上操六子の如きは桂公等に比較すれば余程才幹も優れ人望もあつたのであつたが惜しい事には早死にせられたので大勲位公爵とはなる事が出来なかつたのである、身体虚弱なる人は軍人には勿論なれないがさりとて大学のコースを踏むにも適せぬ、僕等は身体虚弱なるがために高等学校入学後もウンと勉強する事も出来ずに碌々として居る、大学入学後も今の様子から推すとあまり大した事は出来ぬらしい、故に僕は諸君に忠告する、「諸君の身体を考へて其の強弱の程度によつて志望校を定め自分の身体に自信のない人は実業専門学校か高師、医専、私立大学の様な修業年限の短い所を選ぶ様にし給え」と。

次に金力の問題である、中学卒業期に於てこんな事を考へるのは少し早過ぎるかも知れんが参考として聞いて置き給へ、中学の先生等は金等は如何様にもなる、身体を強健にして勉強し給へと奨励して下さるのは子を思ふ親心、甚だ有難い事ではあるが之が反へて青年を誤らしむる基となる事がある、さらぬだに青年の血潮は功名心、虚栄心に燃へて居るのに先生からそんな事を云はれると油を注がれた様に益々燃へ立ち、前後の分別もなく飛び出して、始めの間は大に奮闘して、学若《もし》不成《ならずんば》死《しすとも》不帰《かえらず》でやるがエンジンに石炭を供給せねばその働のとまる様に遂に骨折れ力尽きて嗚呼我過てりと悟る頃は進退谷《きわ》まり自放の極堕落の淵に沈淪するものが多々あるのである、若し信州に長州や薩摩の様に育英会と云ふ様な設備があつたならば資力なき家に人となつた人も悲観する必要はあるまいが信州人は元来育英会の如き利他的事業は大嫌ひであるから未だに全く其設備を欠いて居る、将来も亦永久に育英会の如き事業が信州に行れるのは余程の難事であらうと思ふ

故に僕は諸君に云ふ「資力の事も考へて資力に相応した学校を撰び給へ」。因に云ふ高等学校から大学を終へるには少なくも三千円は要するそうである。僕は此点から諸君の陸海軍に出身せらるゝ事を希望する、陸海軍は修業年限は三ヶ年位のものであるからいくら費用がかゝつたつて知れたものである、三年経てば一番尻ではあるが高等官になれる、大学を卒業して高等官七等になるには今後は下手すると中学卒業後十年以上かゝる。なほ僕が諸君に陸海軍に出身する事を希望するのはもう一の原因があるのである、我国の陸海軍は薩長の手に委せられて年ありである。

国家の独立を維持する機関が一私党の手に属して居ると云ふ事は甚だ危険な事である。古くはローマ

の近衛兵の横暴から近くはトルコ軍隊の暴状に至る迄歴史はよく兵馬の権が一私党の手に属すると云ふ事は国家を危くするものであると云ふ事実を証明して居る。我国に於ては勿論かゝ危険のない事は説く迄もないが驟雨の来襲するに先んじ雨戸を閉ぢて置く必要があるのは云ふ迄もない、故に吾人は須く陸海軍の実権を一私党の手から奪つて、大日本帝国の陸海軍とす可きである、この事は現時の急務である、然し今や名実共に陸海軍の権力が彼等の掌中にあるから只外部からわい〳〵騒ぎ立てゝ居るのみでは何の効もない、宜しく自ら陸海軍部内に身を投じて其実権を彼等の手から奪はねばならん。幸にして信州青年の頭脳はクリヤーである、この重任を果すに足る資格あるものであると思ふ勿論長には寺内伯の率ゐる軍人養成会及防長教育会の育英事業あり、薩には大山公の率ゐる軍人養成会があつて盛んに軍人の養成を計つて居る、長州は昨年度は五十名許りの陸軍士官の卵を生じ、薩摩は九名の海軍兵学校入学者を出して居る風説子の伝ふる所によれば両者とも問題を漏洩したとかせぬとか云ふ事である、然し当地のH某と云ふ軍人の子が五分許り身長が足りなかつたにも係らず兵学校へ入学する事の出来たのは確かであるとの事である、故に斯く種々不正手段を講じて迄は奪はれまいとあせつて居る、中に飛び込むのは極めて困難な事であつて中にはオーフエルとなり万年大尉で終る人もあらうが遂には実力を彼等私党の手から奪ふ事が出来やうと思惟する、信州人は帰化人ではない、法律上立派に陸海軍大将たるの権利を有して居る、大に諸君陸海軍に出身して奮闘し給へ。

（三）

次に之は特に卒業生諸君にのみ申上るのでないが一寸聞いて貰ひたい。

信州人は概して利己心が強い。団結心が弱い。先輩尊敬の念が尠い。この性質を改むるに非んば軍人にならうと政治家にならうと大成功をなす事の出来ぬのは火を見るより明だ。始めの二つの欠点は信州が要害堅固のために徳川氏がとつた悪辣極まる政策の影響から来たのである。これが若し真田信濃守によつて総領せられて居つたならば信州人は今日に於て斯の如く孑孑焉たるものではなかつたろうと思はれる。私は鹿児嶋に来て何も感心した事はないが上述の二点は感心して居る。信州では長野、上田、松本と云ふ三小中心地があつて絶えず県庁が兵営が女子師範が蚕糸専門がと云つて蝸牛角上の争に熱中して居るが薩摩は日向、大隅と共に嶋津氏七十五万石の総領する所であつたのでそんな争はしない。鹿児嶋市が人口七万を有し居るに係らず他の場所は皆人口一万以下、町制を布けるは加治木町のみと云ふ有様。且土地の人の脳裏には「鹿児嶋は嶋津氏御本家の御城下である吾々の処は御分家の御城下である」と云ふ観念が浸み込んで居るので県庁、兵営二ケの中学（鹿児嶋県には他に四ヶあり）二師範二女学校（他になし）等皆鹿児嶋に集つて居るのである、故に運動抔と云つて騒ぎ廻る事がないから従つて運動費等の冗費を省くを得て各市町村は其分に相応して発達して行く事が出来るのである。従つて道路其他交通機関の如きは信州等のとても及ばぬ様な発達をとげ居り教育事業等も漸々福岡町《けん》の塁を摩せんとして居る。以上は地方と地方との関係を云たのであるが個人についても然りである。田舎の事は暫時之を措き麑嶋市には所謂十八結交健児舎があつて盛んに団結心の養成を計つて居る。麑嶋人の団結心の強い事は驚くに堪へて居る。茲にAと云ふ人があつてBと云ふ麑嶋人と交際して居り其交際の程度は十とする又茲にCと云ふ麑嶋人がありCと前記Bとの交際の程度は六とする。若しAがCと争ふ場合にはBは麑嶋人と云ふ故を以てCを助けんがためにAを棄つる事は弊履の如しであるとの事である。勿論例外はあるのである事を断つて置く。健児舎の構成、由来、修養方法、年中行事等を説明すると面白いが長くなるから他日に譲る。然らば吾人信州人は如何にして団結心を養成す可きかと云ふに先第一に同志舎、芙蓉会、尚公団等の如き学校内の団結を健全に発達させて次に学校の統一を計り次に之を信州全体に押し及すと云ふ様にしたならば直ちに効果は表はれまいが二十年三十年の後には強固なる信州の団結を見る事が出来ると思ふ」。

（四）

嘗て小寺校長は校内に多数の小団結あるは学校の管理上不便也との故を以つてその根絶を企てられたが天の幸しなかつたがために遂に其事業は未成にして朝鮮へ赴任せられた。浅薄なる観察に従へば一校内に多数の団体のあるは学校統一上不便の様に思はれるが決して然らず反へて御互に競争して修養する結果一校の気風をエレベートするに好結果を得るものである。殊に同志社の如きは広く松本大町、飯田等の各中学と気脈を通じて他日信州の大団結を実現するに努力して居るものである。国家と云ふものを形成するに際しては人民が漫然と集りしものには非ず先づ部落をつくり字をつくり市町村をつくり郡をつくり県をつくり其後に始めて国家と云ふ最大級団体をつくるに至るものである事を思へば学校内に多数団体の存在するのが必要である事が判ると思ふ。殊に諸君の注意を促さんとするのは現二高校長三好先生―敬愛する先生―が我が長中校長として居られた当時而も学校内の諸団体が最も盛んなりし時代は我金鶏中学の黄金時代《ゴールデンエージ》であつて小寺校長の時代は暗黒時代であり、今日は復活の機運に向ひたる時代であると云ふ事である。

次に先輩を尊敬する事。之も僕の麑嶋人について感心した一である。而して信州人には欠けて居る徳である。麑嶋出身の将軍提督と云はるゝ様な所謂諸先輩が帰省するや先づ訪ふものは祖先師長の墳墓と自己の出身の学舎とである。彼等は後進を奮励せしむるために勇壮なる経験談をなし或は酷寒の折肌衣一枚となつて、竹刀を振ふ事も辞さぬと同時に其学舎の舎長其他年長の人に対しては席を譲つて後進に先輩尊敬の生きた手本を示すのである。上村大将の如きは特に此点に於て勝れた人であるそうだ。信州人の後輩を頤であしらつたり先輩を先輩とも思はぬ人の多いのと比較すると雲泥の差がある諸君にして他日ナポレオン帽を頂き目も眩む様な大礼服を着て帰郷する時に無位無官精々で五ツ紋の羽織位な村長さんや郷先生に上席を譲る位の心掛を持つて居ない様では其人の前途は知れて居る。先輩を敬する事は未だ後輩を率ゐるの基となるものである。先輩後輩心を一にして始めて信州団結は実現されるのである。

然しながら不幸にして信州には先輩を尊敬する心を養ふ様なる機関はないのである。然し学校内の諸団体即ち同志舎、芙蓉会、尚公団の如きものは幾分麑嶋の健児社の如き性質を帯びて居るのであるから之等を利用して先輩と相結び長幼相助け同輩相救ふの実を挙げ大に信州のため広くは国家のために勇戦奮闘せられん事を祈る。(終り)

出典:第七高等学校造士館同窓会編刊『七高思出集』後篇(一九六三年)

3 「想い出」

想い出

小林次郎

明治四十三年には——今から五十年も前のことである——七校は、他の高校より一月先に、而も東京と鹿児島の両地で、入学試験を施行したので、自身がなかつた私は受験して見た。極めてのんびりした受験であつた。例えば歴史の問題の一に大院君と云う人名が出たのに対し、「日清戦争の始つた頃朝鮮で勢力を持つていた人で、日本へ付いたり支那へ付いたりして煮ても焼いても食えぬ老爺である」と書いて出て来た。中学一年の時の歴史の担任の早川守之助先生は長州出身の憂国の士であつて、その先生から教えられた通りに書いたのであつた。

どうした風の吹き廻しか合格してしまつた。そこで、もう一つ試験を受けようか、それとも七高へ入ろうかと大いに迷つた。当時父の友人で信州戸隠神社の宮司をしておられた上井栄雄氏——西南戦争に従軍した人の中の最年少者で、当時日本一の神官であつた――が、父に、鹿児島は明治維新の元勲を輩出した処で、三年位子供を遊ばせるには適当な処であるから、是非鹿児島へおやりなさいと勧めて下さつたので、父も私も意を決して七高へ入ることにしたのである。

九月、佐藤万太郎君、依田武夫君と共に鹿児島へ着いた。予て雨が降ると女学生が裸足で裾をまくつて駈け出すと聞いていたが、信州などと異つて、道路が砂地であるから裸足で歩いても足が泥んこになることがないのにびつくりした。その他、小さい商業都市の長野と違い、百二都城の元締の島津本家の城下であるので市街の区画が整然として居り、路幅も広いのに驚いた。又処々にアーチ型の石造の橋があるのも何となく異郷へ来た様な感じがした。

城山、浄光明寺、大西郷自決の洞窟、磯浜へは度々出かけた。

運動もせず、勉強もせず、のらりくらりと何時の間にか三年を過した。只三年の秋の弁論部の大会で、当時の天下を嘆いて「ケーンの少女を懐う」と題して、シャーロットコルデーがマラーを刺殺したことを賞揚したことがある。之れは同級の石渡春雄君が、遠藤孝之君、山本芳衛君と自炊していた大西郷が月照と共に投じた花倉湾に望んだ某別荘で想を練つたものであつた。弁論部長の寒河保吉先生が、しきりにベルをならされたが、終り迄やつてのけたことは今なお昨日の如く思われる。当時は全学連とか民青同とか云うものがなかつたからよかつたが、今なら当然捕えられるのであろうにと思うと無邪気な若い時代が懐かしい。

畏友中村四郎氏の要請に従い、くだらないことを書きました。皆様の御健在を御祈り申上げます。

二、内務省時代関係

1 「沖縄の特殊行政」

出典：『地方行政』第二八巻第五号、一九二〇年五月一日

沖縄と言へば非常に小さい県の如く思ふ人もあるが、兎に角昔の琉球王国だけあつて、其の面積は百方里、人口五十六万人にして、選挙法改正の結果議員数も鳥取県より一人多く、定員五名である、沖縄人の言語、風俗は内地人とは異なる点が多々ありますが、相当の教育を受けたるものは内地人と少しも変はる所はない。言語は「アイウエオ」の母音の中に「エオ」の二音がないので、総てウ行で「エオ」の二音を表示する。例へば地震の事「ナイ」、蜻蛉の事を「アキツ」と云ひ、「十一月、十二月」の事を「霜月、師走」と云ふが如き、日本古代の音便を辿ると往々万葉仮名に近似して居る点があるやうです。

現在に於て地方制度としては、郡制が施かれて居ない、町村制は施行して居るが内地と違つて特殊のものが行はれ、村長、収入役は官選で、助役と云ふものがない。併しながら選挙権は非常に拡張されて居つて、国税を一円でも二円でも納めさへすれば公民の資格を有する。即ち地租以外の国税に就いては制限がない。然るに今度其の制限が撤廃されて、内地と一般の制度を施くことゝなるので、反つて選挙権は縮少さるゝ訳である。又県制も施行して居るが是も内地と違つて参事会と云ふものがない。県会議員は町村会で復選する。又町村長は知事が任命するが任期と云ふものがない。

道路は批較的良く発達して、私の郷里の長野県抔よりも、沖縄の道路の方が余程立派である。所謂農道なるものがあつて、是は字本位でやつて居る。又港湾は先年七十五万円を投じて那覇港が出来ました

が、桟橋などは規模が雄大で、千五百噸級の船ならば、三艘も横着けにすることが出来る、又鉄道は那覇より与奈原まで、約六哩は県で開通して居る。尚ほ那覇、嘉手納間約十哩は大正七年度より六ヶ年間継続事業で、年々十万円づゝ所得税の収入を国庫から交附されて、其の経費に充当して居る。それから港湾は百五十万円を投じて那覇港を一層大修築することになつた。

又教育は内地と異ならず、小学、中学の制度も整頓して居りまして、中等教員の平均俸給は六十円、県立中学二、農学校一、水産学校一、高等女学校一、工業学校一、其の外那覇私立商業学校がある。是等の学校の卒業生は、大概沖縄で生業に就て働いて居るが、商業学校を卒業したものは支那方面や、東京あたりに出て働いて居るものもある。又農学校の出身者は、台湾に需用があつて就職して居りますが、師範教育は内地と変りはない、制度は試験の上入学を許して居ります。水利組合などは全然ないのである。

産業と言へば、先づ砂糖が第一で年額三千万円、次が鰹節が三百万円、それからラサ島にては鳥糞が堆積して磷鉱を生産します。将来海産物の発展は十分見込がありますが、其の中鮪、鱶、鰹節は最も豊富である。現に鰹の如きは一年中棲息して居るのである。

次に驚くべきことは沖縄人の豚を食ふことで一年養豚は十万頭もあるが、県外には一匹も輸出しないで、皆沖縄住民が食つてしまふ。鹿児島は中々豚料理を以て有名な所であるが、年々弐万頭を産する中一万頭は県外に輸出して居る。沖縄人位豚を食ふものは先づ世界に類例がないと言うて宜からうと思ふのであります。

それから藷を常食するので非常に生活は簡易である。是は今より四百年以前内地より移入して盛に藷を生作して居るのでありますが、割合に其の他の物価が高いのは、是は畢竟県内で生産する事の出来ない米、味噌、醤油、衣服、雑貨の類は皆大阪商船の手に依つて輸入するので、其の船賃だけでも高くなる訳であります。

人情風俗と言へば質朴と云ふて宜からうと思ひます。衛生は余り進歩は致しませぬが、特殊の風土病と云ふものもない。唯昨年の如きはコレラが弐千人もあつたのは、大いに警戒すべきことであります何しろ沖縄と云ふ所は非常に天恵のある所で、一年中単衣物で間に合ふ、冬が来れば単衣物を重ねて着れば宜しいし、腹が減れば薯を掘つて食ひ、魚は豊富に取れると云ふ風であるから、勢い生存競争が激しくない。従つて貯蓄心に乏しい。所謂無為にして化すと云ふ傾向がある。且つ薩摩藩に隷属して居る時代から、貯蓄すると没収せられる習慣があつたので、概して貯蓄心の乏しいのは大いに改良しなければならんと思ふ。

近時は大いに青年会が盛に所在に起りましたが、一体沖縄と云ふ所は部落生活が非常に発達して、青年は共同一致して能く節制が行届いて居ることは、誠に内地に対して誇とするものがありますが、近頃内地では訓育本位で青年会を指導するやうになつたので、沖縄の青年会も稍やハイカラ化して、事業能率は減つたやうな傾きがある、併しながら将来之を改善して盛に活動力を発揮しましたならば、大に効果を奏するであらうと思はれる。現に地方に依つては朝起きの奨励と禁酒を励行して居る。所が以前は節酒を奨励して居つたが、節酒では往々反則者を出す虞れがあるので、絶対的に禁酒することになつたのであります。又此の外に婦女会の如きのもあつて体育を盛にやつて居るが、概して婦人は非常に良く働らく、昔から沖縄の男は寝て居て、女ばかり働いて居ると謂はれた位でありますが、近来は男女共同に働くことになりました。要するに沖縄と云ふ所は特殊の行政を敷いて居るが、追々人文の発達するに伴ない、運輸、交通、教育、産業を盛に発達することになつたならば、啻に砂糖のみならず、各種の事業を起すことも出来て、我が南海の一端に有望なる一殖民地となるに至るであらうと期待されるのであります。

（編者曰小林氏は曩に沖縄県理事官の職にあられし御方なり）

三、貴族院時代関係

1 「フィリッピン紀行」

出典：『興亜』第三巻第八号、一九四二年

一、はしがき

大正十年欧羅巴からの帰途、印度洋で或る晩南の方に西洋の凧の形をした実によく光る星を見つけた。当時同船して居つた大角岑生氏——氏は其の後海軍大将に任ぜられ、昨年二月興亜の犠牲となつて広東省西江右岸黄揚山に於て戦歿せられたことは誠に哀悼の至りに堪へない——に依つて、これがサウザン・クロッスであると云ふことを教へられ、私の眼、私の心の底に其の星の崇高な姿が強く烙きつけられて忘れ得ないものとなつた。それから後又二度渡欧する機会があつたが、此の星を見たいばかりに両度とも印度洋経由で行つたのである。

昭和八年に貴族院から南洋視察団が派遣された。私は復たサウザン・クロッスを見る事が出来ると云ふ喜びを持って此行に参加した。六月十日の正午、土方団長以下十二名の団員が南洋興発の専務色部米作氏の東道の下に横浜港を出帆した。一行は団長以下好い人ばかりであつたので、和気藹々、話がはずんで航海は非常に愉快であつた。色部氏は日本人には稀な背の高い人で、近衛さんよりちよつと高かつたと思ふ。私は色部氏と列ぶと丸で半分ぐらゐしかないので、一緒に居るのは嫌だつたが、同じ中学のが、あなたにはサウザン・クロツスが見えますか」と云つて笑つたものである。

先輩である関係から始終教へを受けて居つた。横浜を出帆した日の夜から「色部さん、私には見えない

二、比律賓の外貌

委任統治領の視察を了へて六月二十四日比律賓のミンダナオのダヴァオ港に入つた。此処でちよつと比律賓の事を述べて置かう。

比律賓は台湾の南四十里の所に在つて、北緯四度四十分から、二十一度十分、東経百十三度四十分から百二十度三十四分に亘る大小七千八十三の島嶼から成り、南北千百哩、東西七百哩、全面積十一万四千四百平方哩、我が国の本州、四国、北海道を合したくらゐの大きさの所で、大体平たい島国であるが、それでも最高峯アポ山の如きは三千百四十三米の高さが有り、又河川も最長のものは二百二十哩のカガヤン河がある。土地も肥え、温度も高く、一年を通じては四五月が最も暑く、四月中の最高温度平均は摂氏三十六度四分に昂つて居る。最低は十二月の十八度、本年は五十年ぶりの暑さで、五月十七日の如きは室内で三十九度五分もあつたさうである。斯く温度が高く、雨量も適当にあるので、地上の天然資源は、勿論、地下資源にも極めて恵まれた島である。資源の重もなものは、農業の方面から言へば、砂糖、麻、椰子、マゲー、米、玉蜀黍、煙草の七種で、年産額三億ペソに達して居る。中でも砂糖は四十八州中の三十二州から産出せられ、年産約百万噸に上り、麻は年産十五万噸乃至十九万噸に達して居る。此の外カカオ、コーヒー、甘藷等も近年漸次其の産額を増加して居る。棉は亜米利加が比律賓を領有する前には相当沢山作られたのであるが、砂糖に代へられて居つたのである。今後は棉を砂糖に代へて作ることが出来ると思ふ。林業は、比島総面積の約半分は森林であつて、ラワンを主としヤカル、アビト等を産し、我国、米国、欧羅巴、中華民国等へ輸出して居る。鉱業は金、銅、鉄、クローム、鉛、満俺

等があつて、一千九百三十九年の年産額は八千四百七十余万ペソに達して居る。

牧畜は幼稚である。又水産も幼稚であるが、海岸線は二万二千哩もあり、食用魚の種類は二千余種に上つて居るので、将来発達の見込は十分にある。工業は極めて幼稚である。水力電気事業はミンダナオ島に七十万キロワツトの水力があるが、其の他にも小さいのが沢山ある。現在ラグーナ州のカリラヤ河の発電所は〇〇〇キロワツトを出す予定である。

三、比律賓の住民

比律賓人は総数が一千六百万（一九三九年一月一日現在）あつて、之を内訳にすれば、比律賓人が一千五百八十万、それに日本人が二万九千、支那人が十一万七千、スペイン人が千人、米国人が四千六百人と云ふことになつて居る。比律賓人の中には更に人種が二十六七種に分れて居る。ルソン島の如きは比律賓人とスペイン人、支那人の混血児が相当に幅を利かせて居る。比律賓人は元来芸術的人道的熱情に燃へて居り、刻苦精励の美風に富んで居るが、此の混血児の中には偉い人も居るが、懶け者で、嘘吐きで、見え坊、月賦の自動車を乗り廻し、一間しかないニツパーハウスにピアノを備へて居るやうな者も相当多いらしい。

ミンダナオ島の人間はスペイン人、支那人の血が混つて居らないせいか割合に勤勉で、忠実であるとのことである。導き方により大東亜建設の一翼たらしむることは左程困難事であるまい。宗教は千四百万は旧教で其の他に回々教、仏教、偶像崇拝教の如きものも少しづゝ入つて居る。千四百万の旧教徒を如何にするかと云ふ事は我々に課せられた大問題である。比律賓人の中から「セント」を出す斡旋をすることなども考ふ可き事と思ふ。

四、此の国の歴史

此の島は一千五百二十一年にポルトガル人マジエランに依つて発見せられたもので、勿論それまでとても土人は住んで居り、相当の文化を有して居た事は、最近マニラ附近などで発見される金銅等の細工品の出土品に依り想像されるのであるが、歴史の明かになつたのは其の時からであつて、後一五七一年以来スペインに依つて領有せられ、三百余年のスペインの苛斂誅求の後、アンドレス・ボニフアツシヨやエミリオ・アギナルド将軍等に依り独立が企てられたが何れも失敗して米国の手に一八九八年に二千万弗で売渡され、爾来四十年間亜米利加に支配されて来たのである。後一九一六年のジヨーンス自治法、一九三三年のヘーア、ホース・カツチング法、一九三四年のタイデングス・マグダフイー法に依り米国政府に依つて独立を約束され一九三五年九月にはコモンウエルスの政府も出来て、一九四六年には完全独立をすることになつて居つたのであるが、比島政府首脳部が優柔不断で米国と断つ事が出来なかつた為め、今度の大東亜戦の渦中に巻込まれたのである。比島人が大東亜建設に協力するならば独立を保障すると云ふ我東条首相の声明は比島人の大に喜んだことであると確信する。

五、日本との交通

一衣帯水の島であるから、交通は随分昔から行はれて居つたに相違ないが歴史に現はれたのは豊臣秀吉が天正十九年原田孫兵衛を遣して比律賓と交渉を始めたのが初めてであつて、爾来交通は次第に繁きを加へて或る時期には在留邦人が一万を突破し、マニラには三千人の日本人村の出来たやうな時もあり、明石の城主高山右近や亀山城主内藤如安等が、基督教迫害の為め亡命してマニラに至り、王侯の礼遇を受けて居つたのも其の頃のことである。天草の乱其の他が禍して徳川幕府の鎖国となり、遂に交通は杜絶の形となつて明治に至つたのである。明治二十二年肥前の人菅沼貞風君が比律賓に行き島情を研究し、大いに其の重要性を説いて、天下に愬へたこともあつた。其の後独立戦争の起つた際には中村弥六氏一派所謂布引丸の一党が応援に出かけたこともあつたが是は失敗に帰して了つたのである。明治二十二年からマニラに次いでダヴァオに何れも領事館が置かれ、日本との交通は漸次昔の頻繁さを取戻すやうになつた。一九三九年一月一日現在の日本人の数は二万九千人に上つて居る。

六、ダヴァオ

明治三十七年避暑地バギオに通ずる大峪道ベンゲツト道路を開鑿する為に、日本の工夫が雇はれて行つて、不撓不屈の努力と、多大なる犠牲を払つて遂に天険を征服して工事に成功したが其の後其の工夫の中で失業した者が、当時一橋を出て南洋で事業をして居た太田恭三郎君の指導の下に、ダヴァオへ来てモロと云ふ野蛮人と闘ひジヤングルを開いてマニラ麻を作り出したのが日本人来住の始めである。其の後日本人が次第に殖えて現在に於てダヴァオには一万数千人在留して居つて非常な勢力を有つて居る。中にも太田会社と、古河会社の人達の如きは土地の人の間にも大変尊敬されて、知事なども其の意見に従ふことが多いと云ふことであつた。

マニラ麻と云ふのは丁度芭蕉の葉のやうなものである。始めて著いた日にマニラ麻を見物に行つたが、幾ら行つても麻がなくて眼に入るものは芭蕉の植込みばかりで、いつになつたら麻が見られるかと云つて嗤はれた人もあつた。それ程非常に芭蕉によく似て居る。麻はその当時五百町歩ぐらゐ栽培されて居つて、年産額が五万噸で其の三分の二は日本人によつて生産せられて居ると云ふことであつた。全産額の三分の一は日本へ輸出せられ、其の他は亜米利加等へ輸出せられて居つた。麻は好況時代には一ピクル五六十ペソ乃至百ペソまで騰ることもあつたが、不況の時代には時によると三ペソぐらゐに下ることもあつて、我々の行つた当時は一ピクル七八ペソで、頗る経営に困難を感じて居つたやうである。現在食糧の自給自足の為め麻の手入が不足勝であると云ふ噂を聞き、心配して居る。

ダヴァオで接した比律賓人には特に記憶に存するやうな人はない。

七、ボホール号

六月二十六日の夕刻コムパニア・マリチマ会社のボホール号でマニラに向つて出帆した。此の時マニラの領事館から井沢実君と云ふスペイン語の堪能な人を案内に遣して呉れたので、此の人の通訳で船の中で比律賓の人々と色々話をすることが出来て大変便利を得た［。］ボホール号は二千五百噸、元独逸の船で、寒い所向きに造られて居つたのを其の儘使つて居るのであるから堪つたものでない。食事の時などは釜の中で飯を食つて居るやうで、旨いとか、不味いと云ふことを超越して、唯もう生命を維持する為に止むを得ず食つて居つたに過ぎなかつた。又夜になつても非常に暑くて、船室の中では眠れないので、組立て寝台を上甲板に造らせてそこで寝た。併し船脚はなか／＼速く、ボーイも割合に深切であつた点はまだしもであつた。

二十七日の朝早くボアイアンと云ふ港に入つた。浅い港の為に沖合一哩の所に碇泊して、そこで牛を積込んだ。唯さへ蝿の多い所へ牛と同居であるから、一層蝿が殖え、細かく神経を働かしたら飯など一口も食へなくなつて了ふ程沢山の蝿が食物に飛び著いて来る。日露戦争当時満洲で、明石将軍が麦酒の中の蝿を吐き出しながら麦酒を飲んだといふ話を聞いて感心したものだが、此の位蝿が居れば神経も太くならざるを得ない。

八、サンラモン刑務所

二十八日朝早くミンダナオの西南端のサンボアンガ港に入港した上陸匆々〔ママ〕タンニンの製造所を視察し、

更に約二十哩ドライヴしてサンラモン刑務所を視察した。刑務所の典獄は比島政府から訓令があつたと云ふので、非常に深切に我々を案内してくれた。刑務所と云つても罪人を拘禁する建物のみでなく、一種の農園のやうなもので、小屋が方々にあり、成績の好い囚人は妻子を呼び寄せて一緒に住むことが出来るやうになつて居つた。況んや腰に鎖などを著けてゐる者は余り見うけなかつた。一種特別の刑務所である。我が国でよく言ふ別荘行きと云ふ言葉にピツタリ合ふやうな気がした。当時の収容者は約六百名、椰子其の他を栽培し、細工物を製造して、年額四万円位の利益を挙げてゐるとのことであつた。典獄の官舎で水物などを御馳走になつて色々話をすることが出来た。殊に典獄夫人は愛想よく我々一行を犒つてくれた。

九、セブ島

二十九日朝セブ島に著いた。セブ島は比律賓発見後一番文化の早く開けた所で、土地は肥沃であり、人口も比律賓中一番稠密であつて、其のセブ港は人口七万、マニラに亜ぐ大都会である。セブ島の対岸にマクタン島がある。是は西歴〔ママ〕一五二一年マゼランが其の土地の酋長の為に殺された所である。此処で記憶にあるのは、海岸近くに非常に綺麗な清水のプールがあつたことと、バナナが非常に安かつたことなどである。

一〇、マニラ

七月一日午前五時半、船はパング河の河口に入り、溯航して午前七時無事マニラ港の内国航路用桟橋に著いた。午前八時に木村総領事、山崎三井物産、太宰正金銀行の支店長、比島官憲其の他の出迎へを受けて下船しマニラホテルに向つた。猛烈な暑さで、流汗淋漓、今まで暑さには相当鍛へて来た積りであつたけれども、迚も堪えられなかつた。此のホテルのある場所は今から三四十年前は一面の草原であつて、比島愛国の志士ホーセ・リザールが銃殺せられた所である。ホテルの向ひ側の其の記念碑が建つてゐる。マニラホテルは五階建の純亜米利加式の建築であつて、唯三尺幅のヴエランダがどの部屋にも付いて居り、ヴエランダとの間に真珠貝を張つた障子が立つつてゐるのが珍らしかつた。又煽風機を使ふにも一回毎に料金を払はないと廻はせないやうな設備になつて居つたのは、電力豊富な我々から見ると不思議なことに思はれた。

マニラは人口六十二万、初めスペイン人が一五七二年に都を定めて以来の首府である。近来亜米利加風の建築が大分殖えて来たが、尚スペイン時代の寺院、其の他の建築や、古い城砦の跡なども遺つてゐる。寺院はなか〳〵宏壮であつて、色々の宝物なども持つて居る。マニラは小さい土地であるので見物する場所と云つてもルネタ公園、国会議事堂、植物園、比律賓大学、ビリビツト刑務所、イントラムロス（スペイン時代の城）、北墓地、日本人墓地、リサール記念大競技場、サンタナカバレーぐらゐのもので、東京から見れば問題にならない。併し土地の人達はマニラが東洋文化のセンターであると考へて居るから面白い。

午前十一時木村総領事の案内で総督官邸にフランク・マーフイー総督を訪問した。マーフイー総督はルーズヴエルト大統領の寵児で、長身、無髯、特色のある濃い眉毛の人で、米国人には珍しい落著いた人格の高潔の紳士らしく思はれた。禁酒、禁煙の独身者で妹夫妻が万事身の廻りを世話して居ると云ふ話であつた。

一一、比島人の服装

上陸早々一番眼に著いたのは比島人の服装であつて、婦人は透き通るやうな薄物で色合いも種々雑多、それに襞を幾重にも折り重ね、肩の囲りをエボレットのやうに高く脹らませ、二の腕を露出し手で裳裾をかかげて、ハイヒールでしず〳〵と歩いて居るのは、丁度羽衣を著けて下界へ降つた天女の姿を彷彿とせしめるものがあつた。三保の松原の天人の故事は此の風俗と関係があると云ふ説もある。男は白服を著て居て格別のこともない、が中には派手な水色や桃色に花模様の浮いて居るワイシャツを著けて居る者などがあつた。併し男女を通じ、熱帯地の常として致し方ないのではあらうが、何となく薄汚く見えた。

一二、ビリビット刑務所

当日午後一時半、我々は刑務局次長マニエル・アルサテ君の案内でビリビット刑務所を視察した。非常に整つた刑務所であつて、二十エーカーの地域を占め、三千人の囚徒を収容し得ると云ふ話である。監房は中央の高塔を中心に放射状に配列されて居つて、毎日時間を決めて一般人の観覧に供して居る。我々も其の高塔に登つて四方を見下したが、恰も囚人音楽隊の吹奏に連れて亜米利加比島両国旗の降下式を行つて居つた。其の後囚人から編成された軍隊が分列式をやつて見せて呉れた。此の軍隊は中隊長も、小隊長も皆囚人であつて、唯其の小銃は流石に木製品で弾丸の出ない奴である。誰かが此の時「衆人（囚人）環視の中」とは此のことだなと云つて大笑ひをした。分列式が終つてから四角の板を担いで来て順次に立てた。それには「日本貴族院議員諸君を歓迎する。又お出で下さい」と書いてあつた。監獄へ又お出で下さいは少々困つたと云つて復た大笑ひをしたものである。

一三、日本人か

其の日の五時半頃上院議員ホーセ・ベロソ氏の宴遊会に招かれた。我々の行つた時の議会は、両院から成つて、上院議員は二十四名、下院の議員は九十六名で、任期は上院は六年、下院は三年であつた。其の後一院になつたが、又更に一昨年から二院制度に還つた。此の日集つた者は四五十人、ベロソ夫人は伊太利仕込みの非常に美しいソプラニストで、我々の為に独唱をして呉れた。其の後で庭園に降りて小さいテーブルを中心に幾組にも分れて坐り、豚の丸焼などの純スペイン料理を御馳走になつた。耳に尻尾の付いた豚の子の丸焼にはちよつと手を出しかねた。私の隣りに非常に黙つた日本人が坐つて居つた。今に何か話かけて呉れるかと待つて居たが、一向話かけて来ない。待ちきれなくなつて「こちらへお出でになつて何年におなりですか」と聴いた所が、「私は日本語は話せませせぬ」と言ひながら名刺を呉れた。其の名刺にはジヨセイ・フアベリアと書いてある。「私を日本人とお間違ひになるのはあなたばかりでありませせぬ。私が親日である為に、日本からお客様のある時には領事館では私をよく陪賓に招んで呉れます。お客様の中には私を領事館員と間違へて帰る時に私に対して有難うございますと挨拶する人が偶々ある。そこで私は、どう致しまして、と云ふ日本語だけを覚えて居ります。外の日本語は話せませせぬ。」と云ふ話であつた。ジヨセイ・フアベリア君が如何に日本人に似て居るかと云ふことは、同行の岡氏が「よく似て居るな」と云はれ、稲田男爵が「そつくりだな」と云はれただけで、三人の間の意志の連絡が取れたことでもわかると思ふ。そこで私がフアベリア君に私の先輩で、今神奈川の知事をやつて居る「ジヨセイ・ヨコヤマ」と云ふ人にお前は非常に似て居ると云つた所が、大変喜んだ。ただし Jose はスペイン語ではホーセと発音する。其の後ケソンに随行して公安局長官として来朝した時、横山氏に紹介して貰ひたいとのことであつたけれども、先輩に対して礼を失しては済まぬと思つて其の儘にした。

一四、比律賓人に記憶されて居る人々

七月二日朝共同墓地に軍艦矢矧の病歿将士及び其の傍の三神敬長氏の墓を訪ねた。矢矧は前欧洲大戦の際南方警備の大任を果して帰国の途上乗組員の多数が流感に感染し遂に艦を動かすことも出来ず此の地に艦を泊めて治療に従事したが其の内の副長以下四十八士が遂に栄ある凱旋を目前に控へて、涙を呑んで異域の鬼となつたのである、我々は心から是等の不幸な英霊の冥福を祈つたのである。三神敬長君はシカゴ大学出身の博士で、三井物産の支店長であり、比律賓大学で憲法の講義をして居つた。丁度其の当時総督府に居つた亜米利加人の役人達と同級であつた関係上、在留米人、比島人両方の尊敬を受けて日比国交の親善招来に多大な貢献をした人であるさうである。比律賓人の中に「あなたは三神氏を知つて居るか」とか、「松波仁一郎先生を知つて居るか」とか聴く人が多かつた。数ある日本人の中で此の二人が一番比律賓人に取つて印象的であつたらしい。

此の日闘鶏を見た。闘鶏は比律賓人唯一の娯楽で、田舎芝居のやうな汚い小屋の中央に鉄柵を設けて其の中で雞を闘はせるのである。審判官と雞の飼育主のみが内へ入つて、見物は其の囲りに立つて見て居るのである。先づ蹴合す前に雞の飼主が互に相手方の雞の耳のあたりをつ突かせて、敵愾心を起させるのである。右脚の蹴爪には鋭利なナイフを結び付け、さうして手を離せば一二間離れて仕切つて地を蹴つて飛び上り、二三蹴合つて弱い方が傷ついて斃れるのである。見物人は金を賭けて夢中になつて見て居る。

水族館を見たが色彩の濃厚且つ奇形な熱帯魚が沢山居たことだけは記憶に存して居る。

一五、ケソン大統領

七月三日午前十一時議会のリセプシヨンに招かれて、此処で上院議長ケソン其の他多数の政治家と会ふ機会を得た。ケソンは明治十一年八月ルソン島の東海岸の一寒村に小学校教師の子として生れ、若い時にはアギナルド将軍の革命軍に馳せ参じたこともあり、弁護士、州検事、知事、代議士、駐米委員等を経て、遂に上院議長となり、更にコモンウエールの大統領になった男で、日本人にも多数の友人を有って居り、比律賓国民精神の涵養には我が日本の武士道精神を採入れることが急務である。と云ふことを知って居ったが、昨年十二月二十四日セーヤーや、マツクアサーと共にコレヒドールに逃れて了った。勿論是は彼の意思に反したことであらうけれども、我々を敵として相対するに至ったことは遺憾のことである。併し其の率ゆるナショナリスタは彼の寵児バルガスの統率の下に我が国に協力して大東亜建設に尽力して居ることは結構なことである。

同日午後ジョンソンロープ会社を見物した。能率と言ひ、職工の技能と言ひ、感心する程のものでなかったやうに記憶して居る。其の他ココナツトオイルの製造所等も視察したが、概して熱帯地は天然資源の供給場であって、それに加工する工業には適して居らない。矢張り日本のやうな温帯地が工業に最も適当であると考へられる。其の日の夕刻ワクワクゴルフ倶楽部に総領事主催の茶と舞踏の会の催しがあって列席したが、此処では比律賓人の踊の好きなことと、同時に米軍司令官の横柄な態度とが未だに私の記憶に存して居る。

一六、ホーセ・リザール

翌々朝リザールの記念碑に敬意を表した。リザールは若くして比律賓独立の為に斃れた志士である。亜米利加人が比律賓人の国民的向上心振起の為に此のリザールを代表的人物に造り上げて此処に記念碑を建て、全比律賓人の崇敬の的としたのである。リザールは一八六一年ラグーナ州ズベー湖畔の一寒村に生れ、スペインと独逸とに遊学して医学を修め、十数ヶ国語を解し、祖国の比律賓僧侶の暴政に苦しむのを痛憤して小説ノリ・メ・タンヘレ等を著して天下に愬へたのに始まり、熱心に独立運動に従事した。所が旧教の僧侶達は之に憤激して、当時、香港に開業して居つた彼を連れ戻して処刑せんとしたが、其の召喚に応じなかつた為に年老いたリザールの母を連れ戻して或る島に幽閉した。リザールの主張に共鳴する者が段々殖えて来て、暴動も方々に起り、比律賓は多事になつて来た。そこで比律賓官憲としては一層捕へる必要を痛感したのであるが、彼の運動は直接行動的のものでなく、律すべき罪名もなかつたので、已むなく欧羅巴へ追放した。亡命の途上スエズでリザールに対し色々な理窟を付けて其の乗船した英国船から引き下し、マニラへ連れて来て一八九六年十二月三十日此のルネタ広場で銃殺したのである。享年三十五歳、比律賓官憲は其の死体を晒しものにして人民を威圧しようとしたけれども、暗夜に何人かゞ来て死体を運び去つたので、其の目的を達し得なかつたと云ふことである。此の翌年全島に叛乱が起つて、二年目の一八九八年に比律賓はスペインから独立したのである。後日となつて米国官憲が色々調査した所マニラの南バコ墓地に葬られてあることが分つて現在に於ては其のバコ墓地は聖地として国民崇敬の中心になつて居る。リザールの記念日は国民祭日となつて居るが、我が国の比島攻略後之を廃するとか何とか云ふことが論議されて居ると云ふことであるが、一考を要することと思はれる。

それからケソンの選挙区なるタヤバス州のサリマヤ、ルクパン方面にドライブし、タヤバスに於ては知事邸、ルクパンに於ては町役場の楼上で歓迎を受けた。此の日の往復実に三百五十粁、沿道よく比島の田舎の風物を見学することが出来た。マニラが文化の発達して居るのに比較して田舎の方は程度が低く、其の間の霄壌の差のあることが痛感された。元来比律賓人千六百万の中、本当の所謂文化生活をして居るのはマニラとか、セブとか、イロイロ（人口六万）とか云ふ都市に住んで居る少数の人々であつて、他は皆非常に低い生活をして居るのである。アメリカナイズされた比律賓人に満足させることは日本の財政ではなか〳〵困難なことである。将来之をどう取扱ふかと云ふことに付ては、大いに考慮しなければならぬ問題である。

一七、比律賓大学

翌五日比律賓大学を訪問した。校舎は新築で、男女共学である。一般学生の傾向は法科を学ぶ者が多く、医科が之に次ぐ。比律賓人は概して政治論はするが、科学的の頭脳の持合せは少いやうである。次いでセント・トーマス大学を訪問した。是は世界でも最も古い大学であるさうである。宗教学校で此の校長は我が四国に十九年も在住したスペイン人であつて、色々の話をして呉れた。

同日正午総督官邸で午餐の饗応を受けた。私の隣りに検事長のヒラドと云ふ人が坐つて居つた。是も日本人に非常によく似た人であつた。自分の祖先は九州あたりから移つて来たのであらうと云ふことを言つて居つた。

同日午後三時ダラーのプレシデンド・ジヤクソン号で、多数の官民に送られてマニラを出帆し、香港を経て帰国した。

一八、世〔話〕になつた人々

多数の人々に世話になつたが、特に記憶にあるのは例のマニエル・アルサテ君である。同君は四十幾歳かの若手官吏であつたが、刑法学者で、曽て倫敦で開かれた第二回万国刑法会議に比島代表として出席して、我が国の泉二博士等とも親交を結んで居る。日本字の名刺を持つて居つて、我々に対し、徹底的に世話して呉れた。同君は其の秋我々の勧誘に従つて来朝し、聖路加病院に於て塩田博士の執刀の下に痔疾を治療し、全治して帰国した。

其の時の事であるが、私は今でも嬉しい思ひ出がある。司法省で長島次官主催のアルサテ歓迎会を開いて呉れたことである。アルサテ君が刑法の学者であると共に、泉二博士と親交があると云ふ理由であつたが、非常な和気藹々たる会合で、同君は非常に喜んで居つた。外交官が外客を招待したり、外国貿易に関係のある実業家が外国人を接待するのは当然のことで、異とするに足りない。職務に関係なく遠来の友を犒ふと云ふことは国民外交の最高のものであつて、誠に美しい事であると考へる。世間で司法官の頭が化石したなどと誤り伝へた時代もあつたが、此の事実に依つても、認識を改めて戴きたいものである。

次は軍医少佐のオリムピア、是は日本の慈恵院大学の出身で、田中義一大将の行かれた時に案内をしたと云ふので日本の勲章を貰つて居つて、始終之を下げて得々として居た。

又もう一人でラウレル博士、是は司法長官をやつたことがあるが、当時は大審院の判事をやつて居つた。土方博士の紹介で其の後東京帝国大学へ論文を提出して法学博士の学位を獲得した。同人の息子は我々の尽力に依つて我が陸軍士官学校を卒業して帰国し、ケソンの副官をやつて居つたが今はどうなつたか消息を知らぬ。ラウレル博士自身は今は又バルガスの下に司法長官をやつて居る。

一九、比律賓協会の結成

比律賓へ行つてから帰るまで約二週間歓迎会などで接した人は狭い土地のこととて大体同じ顔触れの人であつた。其の人達の要請に基いて私は帰朝後比律賓協会の結成に努力し、昭和十年八月六日、徳川頼貞侯に会長、岡部子爵に理事長になつて頂いて比律賓協会を結成し、両国の国交の増進と、文化の紹介等に当ることになつた。現在麻布の我善坊町に其の事務所を有つて、徳川侯の会長、岡部子爵の副会長、保科子爵の理事長で大い活動して居るから、比律賓に付て御用のある方は御利用を願ひたい。

二〇、日本へ訪問して来た人々

帰朝後随分沢山の人が私を訪ねて来朝した。先づ第一に記憶にあるのはアルサテ君である。アルサテ君は前後二回来朝した。二度目に来た時はナシヨナルアツセムブリーの外交委員長になつて居た。同君もよく日本人に似た人である。嘗て某料亭で同君とS男爵と長貴族院書記官長と私と四人で写真を撮つたことがある。後に知らぬ人にこの中に比律賓人が一人居ると云つて中てさせると十人が十人に気毒なことにS男爵を比律賓人だと云ふ。次はモデストフアロラン君、是はフイリツピン・ヘラルドの総支配人であつた。純粋の比律賓人であつて、見た所は余り綺麗でないが、頭は明敏で、布引丸事件の記録が議会にあるだらうと云ふことで調査に来たのである。布引丸事件と云ふのは米西戦争に引続き、比律賓の独立戦争に際し、中村弥六一派が之を援けようとして失敗に了つた事件である。

次はピオ・ジユラン君、是は比律賓大学の講師で、弁護士をやつて居つて相当頭の良い人で、我々と話がよく合ふ。其の著書の中に「我々は午前八時から午後四時まで人間として取扱ふ人達に支配せらるるよりも、同じ顔色の人達に支配される方が幸福だ」と云ふことをはつきり書いて居る男である。二人の男の子を有つて居るが、一人にはトウゴウヘイハチラウジユラン、一人にはタロキタメモトジユランと云ふ名前を付けて居つて、二人共今日本人小学校へ通はせて居る。将来は日本へ留学させて陸海軍々人にしたいと云ふ考を有つて居る。私が貴族院の庶務課長として第二次か第三次の比律賓視察団の日程を拵へて居る所へ遊びに来た。其の日程は経費の関係から日本船だけ利用するやうなプランであつた為に、マニラへは朝入つて其の夜出るやうになつて居つた。ジユラン君はそれを見て、「是はいかぬ」と言ふ、そして比律賓人はダヴアオのことをジヤバオと云つて居るが、其のジヤバオに三日も滞在して、マニラに一日も滞在せぬと云ふことは、比律賓人に悪感情を起させる虞があるから是非マニラに二三日滞在するやうにプランを作り変へることが宜からう。それから後は自分の友人の経営して居る飛行機会社の飛行機でダヴアオへ行くやうにしたらどうかと云ふアドバイスをして呉れたのである。其の外同君に付ては記したい事も沢山あるけれども、ちよつとデリケートな問題であるから是は止める。二三度代議士候補に立つたが、際どい所でいつも落選して居る。それは彼が余り親日過ぎると云ふことの理由らしい。今度相当の新聞の社長となり新比律賓運動即ち米国依存から脱却して東洋人に帰れと云ふ運動を始めるやうに頼まれて居る筈であるが、多分もう実行に入つて居ると思ふ。

　次はベニグノー・ラモス君である。昭和九年の暮に同志四五人と私を訪ねて来て比律賓人に依る即時独立を援助して貰ひたいと云ふ事であつた。非常に激越な口調で、即ち比律賓人が即時独立をしようと云ふのに、兄弟である日本人が援けないと云ふことがあるか、日本人は吾等の独立運動を援助する義務があると云ふやうな口調で即時独立希望して方々へ運動して居つたが、事志と違ひ、長い間日本に亡命して居つた後で、数年前にケソンと妥協が成つて帰国した。帰国後亜米利加は比律賓を二千万弗でスペインから買つたのであるから、其の二千万弗を返せば亜米利加から独立出来ると云つて、各人から一弗づつ寄附をさせる計画を立てた、それが政府の忌諱に解《ママ》れ詐欺罪に問はれて投獄せられて了つた。所が昨年十二月二十四日セーヤーや、マツクアサーがコレヒドールに逃げる時に此の男を放つて置いては日本軍の為に働くだらうと云ふので、共に拉致して行つた。其の後方々の監獄を転々と引廻はされバターン半島のマリビレス監獄に居たのを日本軍に依つて助けられた。最近の友人からの手紙によると非常に健康を害して居つて再起はむづかしいではないかと云ふことである。誠に気の毒な次第である。併し其の一党サクダリスタの党員が皇軍に非常な便宜を与へてくれた事は忘恩の徒でないことの証明であると考へられる。其の外沢山な人が来朝したが此のくらゐで止めて置かう。

　比律賓人の来る度毎私は議会の建物を見せて、「君等は亜米利加に領有されて既に四十年にもなるのだから、亜米利加の上院には恐らく代表を送つて居ると思ふが、何と云ふ人が送られて居るか」と聴くと「送つて居らない」と答へる。「日本では朝鮮半島から朴泳孝と云ふ人が出て居つた。又尹徳栄と云ふ人が出て居る。台湾からは辜顕栄と云ふ人が出て居ると話してやる」と非常に驚く。「然らば上院には無いとしても、下院には代議士が出て居るだらう」と聴くと、是も「ない」と云ふ。「さうか、私の方には東京の最中から半島人で朴春琴と云ふ人が出て居る」と話すと、又喫驚する。加ふるに此の議会の宏荘な建築が日本人の手のみに依り而も純日本産の材料で出来て居ると云ふことを話すと比律賓からの客は一層大きな驚きを以て帰つて行く。彼等が後で旅行記などを書く時には一人の例外もなく議事堂の大きなことを記述して居るさうである。

二一、サウザンクロッツスと日本人

私は信州の産れである。朝鮮半島と関係深いと称せられて居る出雲系の神社諏訪神社の祭神建御名方命の御子を祀つた建御名方富彦神社の氏子である。それがサウザン・クロッツスを仰いで言ひ知れぬ壮厳の感に打たれ、喜悦の情に溢れるのは何故であるか、長い間の疑問であつた。それに対し先輩関根郡平が解決を与へて呉れた。曰く「出雲朝廷は日本海流に棹し先著した大和民族である」と私ばかりでなくサウザン・クロッツスを見て血を沸かす日本人は非常に数多いさうである。サウザン・クロッツスを仰いで新しい国土経営に当るのは我等大和民族の天賦の使命である。

二二、結び

此の稿を終へた夜色部米作氏の死去の通知に接し、非常な悲しみの念に打たれた。同氏は、農科大学を出て、台湾総督府糖業技師を勤められ、功成り名遂げて退官され、更に南洋興発に入り其の発展に努力され、是亦功成り名遂げて退いて居られたのが、今度南方経済開発の為めに三度起つて老軀に鞭つて勇躍出発されたのであるが、御気の毒にも、五月八日東支那海に於て遭難殉職されたのである。其の終生を南方発展の為に捧げられた色部氏に対して謹んで衷心より哀悼の意を表すると共に南方発展の為め身命を抛つ後輩の輩出する事を切望する。

2 「比律賓協会の出来るまで」

出典：『比律賓情報』第六一号、一九四二年七月一日

比律賓協会の出来るまで

小林次郎

比律賓協会の初代常務理事、縫田栄四郎君は能く集会の席上等で「時至つてか、比律賓協会結成せられ」と云ふことを言はれた。誠に其の通りで、時機が至らなければ何事も出来ないものであるが、何等の努力なしには何事も自然に出来るものではない。羅馬は一日にして成つたものでないと同様に、比律賓協会と雖も其の結成には相当の努力も、苦心も払はれたものであることは、何かの機会に書いて置きたいと思つたこともあつたが、自分はまだ自分のした事を繰返して自己陶酔に耽ける程の年でもないと思つて遠慮して居つた。処が、昨年本協会成立七週年に当り、理事長保科子爵から設立当時の事を何か書いて貰ひたいと云ふお話があつたので書く決心はしたものの、材料が旧居の方に蔵ひ込んであつて、取り出すのが困難の為に、思ひながらも荏苒今日に至つたのである。

回顧すれば約十年の昔の話である。昭和八年（一九三三年）六月貴族院議員の南洋視察団一行は、土方寧先生を団長として、子爵大河内輝耕氏、男爵稲田昌植氏、男爵関義寿氏、岡喜七郎氏、加藤政之助氏、稲畑勝太郎氏田中徳兵衛氏、久米田新太郎氏及び稲畑氏と岡氏の令息、貴族院の書記官たる私と合

計十二名が郵船の横浜丸で横浜を出帆し、委任統治領の視察を了し、六月二十四日比律賓ダバオ港に入港してから七月五日マニラを出発する迄前後十二日間に亘り殊にダバオ・マニラ間は比島船を利用した関係等から当時の木村総領事、太宰正金支店長、山崎三井物産支店長等の斡旋を以て比島と比島人とを可なり詳細に観察したのである。就中マニラ滞在は一週間に及び、狭い土地のこととて、朝も、昼も、晩も顔を合せる人と云ふのは大体範囲が決つて居たので、自然非常に親密になつた。其の当時タイデイングス・マクダフィー法が成立して、一九四六年を期し比律賓の独立が約束せられた時であつたので、比島人も東洋に於ける先進国たる吾々日本人に対し期待する所が多く、吾々に対し何かの機会に斯く斯くの事をして貰ひたいと云ふやうな希望なり、要求なりをしたのである。其の都度私は日比協会と云ふが如きものに斡旋を頼んだら宜いではないかと答へたのであつたが、当時さう云ふ組織がないと云ふことを聴き意外に思つたのであつた。それで比島人に対し、帰国後日比協会結成に努力しようと約束したのであつた。帰国後日比協会結成運動を始めたが、当時は北進論の方が盛んで、今日の如く南方に対しては興味を持つ人が少かつたのと、同時に、興味を持つて居る人は非常な特殊な人々であつて、なかなか信念の強い人々、悪く言へば自信の強すぎる人が多かつたので（勿論私も其の一人であつたらう）、之等の人々を一つの団体に纏めるのには、先づ機会を捉へて屢々面会をして各自の間に友人関係を作り上げ、「あゝ」と言つたら、「おゝ」と答へ得るやうにする以外に途はないと考へた。迂遠なる方法ではあるが、何等の背後勢力を有せざる私としては他に方法がなかつたのである。さうして雪達磨のやうに漸次固つて来たのである。困つたことには陸海軍省、外務省等の諸君は折角知合になつたと思ふと、栄転してしまはれる。万年三丁目一番地の私が、自然金平糖の芥子粒になつたのである。

初め同志の間には（今日に備へる為め）当時シヤム協会の会頭であり同時に仏印協会の会頭であつた近衛文麿公に会長になつて戴いて、将来南方圏がばらばらにならないやうに基礎を固めて置かうと云ふ考が強かつたが、「小林が近衛公を担いで、何か為めにするらしい」と云ふが如き吝な噂を立てる者もあつた。然し燕雀何ぞ大鳳の志を知らんや、と、高く止つて居る訳にも行かない。それは吾々は速かに比律賓協会を結成して一九四六年の独立に備へなければならぬからである。偶々外務省の方から徳川頼貞侯がケソン大統領と別懇の間柄で、適任だらうと云ふ話があつたので同侯を煩はすことにし、理事長には海外文化事業に関係の深い岡部長景子爵を煩はすことにした。又評議員には曽て比律賓大学に於て帝国憲法の講義をせられ名声嘖々たりし松波仁一郎先生外十数名を煩したのである。尚ほ或る高貴の方を総裁に奉戴し資本金は三百万円とすることを計画したが、此の二つは或る事情の為めに実現し得ないことになり、辛うじて現在比律賓協会の評議員であられる堀井源作氏の御斡旋により、又同じく評議員であられる岩井雄二郎氏の父岩井勝次郎氏より一万円寄附して戴いて財団法人比律賓協会が出来上つたのである。一万円の基金を有する財団法人と云ふのは日本一貧乏な財団法人であるとのことである。当時の文部省の係の人は「貴君の熱心に免じて設立を許可する」と云ふことを戯談に言つたものである。

尚ほ名称は初め日比協会とする予定であつたが、外務省の柳沢健氏が、「ニツピー」と云ふ字は侏儒と云ふ意味だからと云ふので、比律賓協会としたのであつた。設立趣意書は左記の通りで、是は私が起案し、岡部子爵が筆を入れられたものである。

比律賓協会設立趣意書

比律賓ハ台湾ノ南方西太平洋上ニ位置シ古来我カ国トノ関係最モ深ク其ノ流俗風習我ニ相似タルモノ頗ル多シ

往事安土桃山ノ時代ヨリ徳川初期ニ於テハ我カ国トノ交通頗ル頻繁ニシテ我カ商賈ノ彼ノ地ニ移住シ日本町ヲ建テタルモ蓋シ此ノ間ノ事ニ属ス其ノ後彼我ノ交通一次杜絶シタリト雖モ明治維新ニ当リ開国

ノ大計樹立セラレテヨリ両国人ノ相往来スル者旧ニ倍蓰シ殊ニ近年我カ国民ノ或ハ漁獲稼穡ニ或ハ通商貿易ニ渡航スル者年々ニ其ノ数ヲ増スト共ニ彼ノ国人ニシテ学術産業等ノ方面ヨリ我カ国ニ来遊スル者歳々ニ加ハレリ

而シテ近時比律賓ノ情勢ハ頓ニ隆昌ニ赴キ其ノ独立ノ日将ニ近キニ在リ我カ国トノ交流亦益々緊密ヲ加ヘムトスルハ欣幸ニ堪ヘサル所ナリ

吾人ハ茲ニ比律賓協会ヲ設立シ力ヲ国交ノ親善、文化ノ向上、経済連鎖ノ強化ニ效シ以テ相互ノ国利民福ノ増進ニ資シ惹キテハ東洋平和ノ確保ト人類福祉ノ招来トニ寄与セムコトヲ期ス

昭和十年八月

斯くの如くにして昭和十年八月六日私の第三回目の渡欧の前日漸く文部大臣及び外務大臣より協会の設立を許可せられ、八月二十三日設立登記の申請を為し、翌二十四日右登記が完了して茲に比律賓協会は誕生したのである。

協会結成に至る迄の基礎となり、又協会結成後、之を強化する為めに開かれた同志の会合の日時、場所、其の会合の模様等を採録して当時の同志の努力を偲んで戴かうと思つたが、前述の如く材料が見付からないので止める。何れ見付かったら追補することにしよう。唯当時の比島刑務局次長で、後にナショナルアッセンブリーの外交委員長になつた非常な新〔親〕日家であるマニエル・アルサテ君の痔疾治療の為めの来朝、フィリツピンヘラルドの総支配人フアロラン君の布引丸事件調査の為めの来朝、マニエル・ガレンゴー君の独立後の砂糖に代る棉花栽培事業に関する調査の為めの来朝、レオポルド・アギナルド君（日本名村田武吉）の度々の来朝、比律賓大学教授エフ・ベニテス君の極東学術会議日本代表招請の為めの来朝、比島大審院判事ホセ・ラウレル君等の来朝、サクダリスタ首領ベニグノー・ラモス君の即時独立求援の為めの来朝、ケソン大統領の渡米の途次の来朝、ビオ・ジュラン君の来朝等の際に、

同志が屢々会合して結成又は強化に努力したことは今尚ほ記憶に新たなる所である。

終りに此の機会を利用し、以上に名前の出た方々の外、該〔設〕立当時の功労者であつた方々（いろは順）石丸優三氏、今村栄吉氏、堀内謙介氏、大平秀雄氏、大島正徳氏、岡田兼一氏、渡久雄氏、長島毅氏、中野正剛氏、中原義正氏、中村今朝男氏、上塚司氏、柳沢健氏、前田正実氏、古城胤秀氏、江野沢恒氏、荒木貞夫男、木村松治郎氏、平田正判氏、泉二新熊氏、森電三氏、森岡多仲氏、関根郡平氏の諸君が結成強化に要する種々の費用を全然各自の負担に於て支弁し、結成に努力せられたことに対し、改めて深甚なる敬意を表して置く。

出典：『東京朝日新聞』一九四五年七月二九日

3 「水道によせて」

水道によせて

◇去る五月廿四日、焼夷弾から辛《から》くも救《すく》つた官舎を翌々二十六日の午前三時頃折柄《おりから》の烈風下とはいへ、全焼させたことは真に申訳ないことである。爾来転々して今は残存地区の一角に寓《ぐう》居してゐるが、機に触れて子供と——せめてあの時、水道栓の水が出て居たらばナアーと話し合ふのだ。思ひ切りの悪い男だと嗤はゞ笑へ、たとひ狭小な官舎ながらも国家のものを焼いたことに対する厳《きび》しい自責《せき》の念にかられての愚痴《ぐち》である。

◇今の寓《ぐう》居近辺は一日二回の給水制であつて、夜分は殆《ほとん》ど断《だん》水である。転居以来十数日、毎夜のやうに警報《けい》が発令されてゐるが、その際《さい》、水道栓の用を成してゐたことは僅《きん》々二回のみだ。水なくしての防火活動は……思ふにゾツとする。

◇流石に都の水道係長だけあつて、この間の放送で「漏《ろう》水箇所の発見者は係へ通報せよ、早く修理して節水と防火上の不安除去に努めたい」と強調されてゐた。洵《まこと》に結構《こう》なお心がけだ。

◇あれを聴《き》いてから既《すで》に一週日を経てゐるが、私が毎朝通行目撃してゐる青山四丁目電停際《きは》の五インチ位の鉄管から粛々と流水してゐるとは相も変らずである。而し我々近辺の断《だん》水も相変らずである。勿《もち》論これには相当の事情のあることであらうが、係長の意見がもう少し部下へ徹《てつ》底するやうにして頂きたいものだ。

◇国家の興亡、匹夫もまた責ありだ。単《たん》に水道の問題《だい》だけでなくわれ人ともに、も少し真面目に自己の職責《せき》を尽し、も少し親切な心を以て自分の職場を守り相携《たづさ》へ励《はげ》まし合つて力の限り戦争目的完遂に寄《き》与する様にしたいものだ、と泌々思つてゐる。(貴族院書記官長寄)

出典:『信州の東京』第三六二号(一九五五年九月一日)

4 「伊沢先生の思出」

伊沢先生の思出

元貴族院書記官長　貴族院議員　小林次郎

信州の生んだ政界の巨星伊沢多喜男先生逝いて七年、去る七月二十三日その追悼会が行われたが、信州人の中にもそのことを知らなかつた方も多いように思われるので、伊沢先生と極めて御別懇であられ

た小林次郎先生に特にお願いして、その模様と思い出を書いていただいた（平林生）

①今夜は伊沢先生が亡くなられて七周忌のお通夜である。先月二十三日繰上げて行われた先生の御一家の七周忌法要のあと、午後二時から丸の内日本倶楽部で未亡人、御令息御令嬢方の御夫妻を御招きして、百五十名許りの人々が集つて追悼会を開き盛大裡に終つたことは御同慶に堪えないことである。

②後藤文夫氏、岩田宙造氏、河井弥八氏、松村謙三氏、大麻唯男氏、砂田重政氏、木下信氏、劉明電氏、三村起一氏等から、先生の政治上の偉大な足跡についていろいろ御話があり殆んど余すところがなかつたが、少し物足りなかつたことは人間伊沢先生についての御話が少なかつたことである。

③私は今から約四十年前、東大二回生の頃、信州の学生会で初めて御目にかかつて以来、御亡くなりになる迄三十数年の間、御世話になつた者であるから、他の諸君よりもそういう点については存じて居ることが多い。

④私は先生を師父と仰ぎ、その仰せらるることに違背したことはなかつたが、例外が二つある［。］その一は二十三年四月の或る日赤坂新坂の丸ビル眼科内田孝蔵氏の御宅へ泊つて居られた時にあのベッドの置いてあつた大きな部屋のマントルピースの前で洋行の時見覚えのあつた袖に山型の飾りのあるナイトガウンを着て居られた先生から「パージで多数の有能な政治家が議席を失い未熟な議員許りになつたから、君のように長年の議会の経験のある者が衆議院へ出て日本再建のために働け……」といわれたが、私は之に対して選挙費用を調達する能力のないことと政権に対する意欲のないことを申上げて御拒りしたことである［。］これに対して先生から木下信さんの選挙の例などを引いていろいろ御説示があり、結局勝手のよく解つた参議院へ出ましようという御約束を申上げて御話が済んだ。その翌年にわかに先生が御亡くなりになり、私も参議院事務総長を辞して、翌二十五年と一昨年と二度立候補して二度敗れ

てしまつた。しかし何時かは御約束を果したいと堅い決心をして居る。
⑤もう一つは折角歌を教えてやろうといわれたのを御拒りしたことである。大正十年三月末先生は万国議院商事会議出席のため伏見丸で米国を経て渡欧された。私は事務局から御同行申上げることになつた。伏見丸の船室は同じであつた。
⑥船路の無聊なる儘に先生はよく民謡をうたわれた。先生は日本で「蛍の光」を一番最初にうたつたのは自分だといつて居られた。木曽節、伊那節、土佐節、串本節は勿論木更津甚句等々あとからあとからと続いて出て来る。私にもうたえとすすめて下さつたが、生来音痴で勇気のない私はついて行くことが出来なかつたことは今でも遺憾に思つて居る。今でもはつきり記憶に残つて居るのは「木更津あ照るとも東京は曇れ、可愛い御方がヤツサイ　モツサイ　ヤレコリヤ　ドスコイ日に焼ける」という木更津甚句と、何節か忘れたが「さまとな旅すりや月日も忘るホツチヤセ　ホツチヤセ　鶯鳴いたで春じやげな」という二つであつた。木更津甚句に至つては当時家元だと云つて居た若福という名に相応しからぬ老妓に教えたのは自分だといつて居られた。
⑦伏見丸のフエーヤ・ウエルデイナーの余興に素人演芸会が催された。立派なプログラムに Japanese Song H.E Takio Isawa M.P , Dr Sanji Mikami, Mr. Tanaka と書いてあつた。三上博士は大学教授、学士院会員の三上参次である。田中と云うのは私が落第したので代りに出た外交官補である。事務長室で三人は猛練習をされたのだ。
⑧三人のタキシードを着た日本の紳士がステージに立たれた。何が出るかと固唾を飲んで居ると「朝鮮と支那の境のアノ鴨緑江……」だ。後で先生は白人の間にも大喝采が起つたとよくいわれたが、実はまず白人の間にも喝采する者ありというところであつた。
⑨シアトルへ上陸し、ノーザンパシフィツクでシカゴ、ニユーヨークを経てワシントンへ着き当時、駐

米大使をして居られた幣原喜重郎さんの御宅へ泊めていただいた。久振りに旧友相会し、御両人ともいける口の方である。一献又一献盃を重ねる程に興が乗つて来て、先生は幣原さんに「歌をうたつてよいか」と聞かれた。「よいとも」と答えられたので、先生は美声？をあげて御得意の歌をあとからあとから歌われた。白んぼ（先生は白人のことを斯く呼んで居られた）の男女の給仕たちが物珍らしげに窺いて居る。幣原夫人は迷惑そうな顔をして居られる。しかし先生は止めようとされない。心行くばかり歌つて止められた。先生は必ず主人の許可を得てうたわれたことと、酔う前に白面でうたい始められたことに先生の面目躍如たるものがあつた

⑩ロンドンでは森賢吾さん（財務官）のアパートで昼食の御馳走になつた時に例により主人の許可を得てうたい出された。アパートのこととて、あちらの窓からもこちらの窓からも顔を出して見る人が多くあつて、同席の甥の湯本武雄さん（在ワシントン）などは困つたというような顔をして居られたことは今も眼底に髣髴たるものがある。

⑪マドリードでも、ロザンヌでも、ベルリンでも到る処でうたわれた。ナポリへは私は御伴しなかつたが、横山助成さんと一緒に行かれ、さるレストランでイタリアの青年達と歌で交歓されたと自慢して居られた。伊沢門下には政治家として行政官として多数の優秀な人々があるがこの歌の方は丸山鶴吉さんが唯一の後継者であるように思う。

⑫それから話は飛ぶが、大敗戦の後、昭和二十一年十一月三日日本国憲法が制定公布され、大日本帝国は滅亡し新に日本国が誕生することになつた。私は貴族院書記官長として一夕先生その他数名の方を御招きしたことがある。その時先生はこの度の憲法公布が如何に寂しく、大日本帝国憲法の発布が如何に華々しく希望に満ちて居つたかを回想され「外国人（トツクニビト）が血潮や屍（カバネ）でようよう開いた国会を、君が代八千代とうとうて開くは我が国ばかりじや知らないかトコトンヤレ　トンヤレナ」

という歌をうたわれた。これは大日本帝国憲法発布当時三高の学生であられた先生が作られ、浜口雄幸、幣原喜重郎、下岡忠治の諸氏と一緒に御輿を担ぎ京都の町中をうたつて廻られた歌であるそうだ。⑬先生逝かれて茲に七年、私も浪人七年、地下の先生は小林の腑甲斐のないことを笑つて居られるだろう。先生の亡くなられた時は参議院議長のメツセージ代読のため長崎へ行つて居て御臨終に間に合わず従つて御葬式の御世話も出来ず、又今度は警視庁の捜査第二課へ呼ばれて居たために（私が悪いことをしたのではないから御安心を願います）万事後藤さんにやつていただいて重々申訳なく思つて居る［。］十三回忌には是非いろいろな御世話をさせていただきたいと思つて居る。（三十年八月十三日記）

出典：『大霞』一二号（一九六一年）

5 「河井弥八先生」

河井弥八先生

小林次郎

河井先生が七月二十一日午前一時四十六分溘焉として逝去された。明治憲法による議会政治が破壊せられ、日本国憲法による国会政治が修理固成せられない今日真の議会政治の体得者であり熱烈な愛国者であられる先生を失ったことは国家として洵に痛惜に堪えないことである。大正九年以来四十年御指導を受けた私としてはまだいろいろ伺って置きたいこともあったが既に空しくなった今日茫然自失して居るのであるが、大霞会の求めに応じ先生についての記憶を綴って見る。

（一） 河井先生が内務省系統の官吏をされたのは一年に満たず、従って大霞会員の中には御経歴を御存じない方が多いだろうからその大略を述べる。
（二）　先生は明治十年十月静岡県掛川に生れられ、同三十七年東大政治科を卒業、始め文部省に入られ、同四十年二月佐賀県事務官に任じ学務課長を勤められ、その後、同年十月貴族院書記官、同［大正ヵ］八年貴族院書記官長、同十五年内大臣秘書官長、昭和二年侍従次長兼皇后宮大夫、同七年帝室会計審査局長官を経て、同十三年貴族院議員に勅選せられ、憲法改正でその職を失われ、同二十二年五月静岡県区から参議院議員に当選、同二十五年再選、同二十八年参議院議長に当選、同三十一年議長辞任文化財保護委員長となられ、其の御在任中逝去せられ、従二位に叙し勲一等旭日桐花大桐章を賜った。
（三）　私が始めて先生に御目にかかったのは大正九年正月であった。同郷の先輩伊沢多喜男先生の御紹介で霞ヶ関の貴族院書記官長官舎へ伺った。実は私は予て新聞紙上で、河井先生の御厳父重蔵氏は衆議院議員として硬骨の士であり、魚類は肉よりも骨を好まれ、その御子さん達もそれに倣い皆骨の方が御好きな御一家だと云う記事を見たことがあり、どんな厳つい方かと思って御目にかかった処が、礼儀正しい温容慈顔の方であられたので先ずびっくりした。御話を伺って居る中に是非こう云う方に使って頂きたいと決心して、伊沢先生に申上げて、御採用を願ったのであった。
（四）　爾来、先生が宮内省へ転ぜられてからも、亦貴族院議員として貴族院へ帰って来られてからも、亦参議院議員になられてからも、引続き御指導を賜ったのである。
（五）　先生は官吏として、議長として又文化財委員長として、其の職務に精励恪勤であられた外、余暇を利用して、汎太平洋協会、中央林業協力会、全国治水砂防協会、報徳会、萍［憲　走り書きによる誤植か　小林による書込か］法研究会等のため、又麦や甘藷の増産や、御郷里の育英事業や観光事業のため献身的努力をなさった。
（六）　河井先生は貴族院書記官長として厳正公平に職務を励行され、議長徳川家達公を助けて、帝国議会少くともその一翼である貴族院運営の様式を確立された。先生が徳川議長の信任を得て居られたことは、或る時某会派が先生が余り厳正公平過ぎると云うので、更迭を希望したことがあったのに対し、徳川議長は「河井は罷めさせないよ」と一言云われただけで沙汰止みになったことでも知られる。

（七）先生は沈着な方であった。大正十二年関東大震災の時、丁度、先生と長商務課長（元京都府久世郡長、第七代貴族院書記官長）と私が旧議事堂の二階の庶務課の室で古賀廉造議員の自分のことで協議をして居た時ガラガラと来たのであったが、結論の出る迄協議を続けられ、その態度が平生と少しも変らなかった。その時矢沢さんと云う交換手が最後迄職場を守って居たのを後々まで非常に推奨して居られた。翌日徳川議長を会長に大震災前後会を組織して、罹災者の救援と復興計画の樹立に多大の貢献をされた。

（八）河井先生は非常に責任感の強い方であった。大正十四年九月十八日貴族院から出火して（原因不明）議事堂の建物が烏有に帰した時先生は職員と共に重要書類の搬出に力められた後悲壮な決心をされたあのお姿は今も忘れることが出来ない。

（九）先生は、清廉潔白身を持すること峻厳、他人に対しては極めて寛仁な方で特に下僚に対しては深い慈愛と同情の態度を以って接せられた。先生が書記官長になられた当時は、貴族院事務局は高等官は官長の外六名、其の他の事務局の職員も百四十名程度の小世帯で、従って経費も少なかったので、年末賞与の如きも何時も書記官長と書記官と同額と云う暖かい処置を取って居られた。又当時は速記録の原稿は即日印刷局へ送ることになって居り、我れ我れが夜を［徹］して仕事をして居ると、官長も課員と共に亀清の粗末な赤弁当を食べて校正を手伝って下さったことは尚昨日の様に思い出される。

（十）特に先生は書記官等が議員に対して卑屈な態度をとらないように訓育することに配意せられ、海外出張の時などは議員に随行するのでなく同行するものであることを念を押して注意して下さった。

（十一）　宮内官としては終始一貫忠誠の念を以って、両陛下に御奉仕申上げ、時代に即しない古い宮中の慣例を改めることに努力せられ特に皇太子方の御教育には力を致された。一例を挙げれば、小さいことではあるが、宮中では皇子方には洗濯をした物を御着せしない慣例であったらしいが、先生は肌着などは一度洗濯した物を御着せする方が御健康上よいと云うことを考え相当の反対のあったのを押し切って励行された。両陛下の御信任の厚かったことは特に記述を御遠慮申上げる。

（十二）　長い間の宮中奉仕の間、先生から天皇陛下の御噂を伺ったことがなかった。之は私許りではなかったらしい。只一度或ることに関し「天皇陛下は神様です」と云われたことがあった。それは陛下は公平無私の御方であられると云う意味であった。

（十三）　貴族院議員としては、万年在野党と云われた同成会に属し、伊沢先生などと共に正義のために闘われた。しかし交友倶楽部の古島一雄先生等とは極めて緊密な交友を続けられ、小異を捨てて大同に就き、常に国運発展のため努力された。大東亜戦争の開始には勿論反対であられたが、力及ばず開戦となったのである。開戦後は一日も早く戦争を終結することに向って努力された。憲法改正の時は当然特別委員になられる筈であったが、同会派の某氏が熱望されたのでそれに譲り影で努力された。

（十四）　参議院議員に当選されてからは、旧貴族院議員を中心として緑風会を組織し二院制度の本旨に則り、参議院の運営を政党を本とせず議員各自の良識を本にして行うことを主張せられたが、政党主義のため次第に圧倒されてしまわれたことは、在天の先生の霊は今でも遺憾に思って居られることであろう。

（十五）　参議院議長として、先生は、貴族院時代に通暁せられた法規典例の知識を活用し、最近の参議院規則の狙《ママ》いことなどに多少の食い違いがあっても、議会政治は斯くあるべきものだと云う信念の下に、天衣無縫、毅然たる態度を以って、時にユーモアを交え、議事を進められ、空然の議長ぶりとして世の尊敬を集められた。一例を挙げれば第十六国会に議長に当選された直後のことであるが、所謂「スト規制法」が問題となった時、政府党は委員長の中間報告を求めて一気に本議場で議決しようと企て、反対党は投票の計算の邪魔し時間を稼いでまでその成立を阻止しようとした時、政府与党はある危惧の念を反対党はある期待をもって居たが、先生は極めて淡々と議事を進められその法案を可決された。竹下豊次氏の如きは涙を流して喜んで居られたそうだ。

（十六）　日本国憲法の制定により国会が国憲の最高機関となるや議員の中には自分等が最高の権力者になったのだから何をしてもよいと云う誤解の下に平気で国費を乱費する者も表れたのを憂えられ、先生は議長公邸は現在の副議長公邸の南側の土地を入手し大きな会議室を増築してそれで間に合わせようと考えて居られた。

（十七）　先生が議長を辞された時、某新聞社の人が「河井さんは悪く書きようのない人。地位も名誉も財産もいらない人。公平無私の人である」と評していたそうだが正鵠な批評である。

（十八）　先生が文化財保護委員長になられた時、文部省の私の友人が「河井先生は御老齢だし委員会開会の日だけ出席して下さる様に御勧めしてくれ」と云ったので、それを御伝えしたが、御聞き入れなく、特別の差支のない限り殆ど毎日出勤されて居った。あの冬涼しく夏温かなバラック建の部屋は先生の御健康によくなかったと思う。

始め先生が就任された時、私はこんな閑職に御就きになることに疑問を懐いたが、万国に秀でた我が日本の文化を永遠に保存して、外国人をして日本に対する尊敬の心を起させ敗戦により極度に自信を失った日本人に祖国愛の心を取りかえさせることを念として引受けられたことを知り、深く敬愛を表した次第である。その御在任中、欧洲巡回日本古美術品展覧会の開催を試みられ、又犬山城の修理等文化財の防災修理のこと国立劇場建設のこと等に力を尽され、病が篤くなられてから「困った世の中になりました」と云う讒〔?・〕言と文化財に関する讒〔?・〕言を度々云われたと承って居る。
（十九）　次に汎太平洋協会のことを述べよう。大正十二年、ホノル丶のアレキサンダー・フォードと云う身なりなど構わない人がぶらりと来て国際親善を増進し世界から戦争を失くすことの必要を述べ日本に汎太平洋協会の支部を作って貰いたいと云って十円札一枚出した。——後年に至る迄河井先生はこの時のことを回想して笑って居られた。——河井先生は徳川家達公を会長に推し井上匡四郎子などの協力を以て御自身が世話人となり私共も御手伝してこの会を結成しその事業として東京汎太平洋クラブの名で毎週金曜日に帝国ホテルで午餐会を開き太平洋沿岸に関係ある国々の人々が集って話し合い国際親善を増進する一端とした。アムンゼン、タゴール等の顔の見えた時もあった。其の後心ない人々により鬼畜米英と云うような言葉が流行るに及び大正〔昭和ヵ　編者注〕十七年三月会合を止めることになったが、それ迄約五百回会合が続いた。敗戦後会合の常連の一人であったマシバー大尉が大佐として進駐して来てフィリピンの戦場に遺棄してあった百四十余名の日本将兵の郵便貯金の通帳を届けてくれた時には先生は涙を流して喜ばれた。
（二十）　河井先生は金原明善翁に私淑して居られ国土を荒廃から防ぐために植林に目を嘱けられ、中央林業協力会副会長として農林業の国策の樹立に努力せられ、毎年の植樹祭には天皇皇后両陛下の御植樹の御手伝をされた。本年は病の為めそれが出来なかったのを遺憾として居られた〔。〕
（二十一）　昭和十五年四月、当時の内務省土木局の赤木正雄技師と協力して財団法人全国治水砂防協会を設立し、前貴族院議長徳川家正公の会長の下に副会長となり、三十三年四億五千万円を以って砂防会館の建設を完成し、将来その会館の運営により行わられる資金を以って砂防事業予算の国費の足りない処を補いその事業を完遂する基礎を作られた。
（二十二）　報徳社。昭和十三年二月一木喜徳郎男の社長の下に副社長に就任せられ、同二十年一木社長の後を承け第五代社長に就任され、分度推譲勤倹力行の如き尊徳精神を全国に普及徹底することに力められた。

(二十三) 昭和二十八年十月、嘗て貴族院の憲法案特別委員会の委員たりし者の有志山川端夫、岩田宙造、松本烝治、牧野英一、有馬忠三郎、高柳賢三等の方々が集って第一に日本国憲法制定の際議会に於ける議事の内容は一々翻訳してマッカサー司令部へ提出することになって居たので、当時の論議で徒に米国を刺激するようなものは、速記中止等の処置により速記録から削除したため、現存の速記録は真を伝えない点もあるから、各自の記憶の失われない間に記録して置こう。第二に日本国憲法は、日本の伝統、文化、歴史を知らない米国人が僅か七日間に立案したものであるから、我が国の国情民心にそわない点があり、表現が冗長に失しているので之を再検討しよう。第三に、その結果必要があれば、新憲法案を立案しようという趣意で、萍〔憲〕法研究会を組織された際に、河井先生も会員の一人とし、参議院議長公邸の一室を御弁当付の会場として提供して下さり、又議長を御罷めになってからもその維持継続のために御骨折り下さった。

(二十四) 戦時中の食糧不足に備えるために麦と甘藷の増産に尽され、麦については酒井式、甘藷については丸山式を世に広められ、甘藷の如きは段産千五百貫に達した処も現われ、戦時中並に戦後国民を飢餓から救うことに非常な貢献をされた。議長になられてからも議長室や議長公邸に甘藷の図を掲げて来る人毎に説明をして居られた。

(二十五) 次に先生の私生活の面に触れて見よう。先生は私生活に於ても身を持することと厳にして、他に対しては寛容でありよく人の話を聞かれ、採るべきは採られたので始めて御訪ねした人で復御訪ねしようと云う考えになった人が多かった。先生は他人に迷惑をかけることを非常に嫌って居られた。最後に入院されてからも世間にそのことの知れない様に気を配られた。御長女の舘林夫人に対してさえ、付添婦をして「明日は来るな」と云う電話をかけさせられたこともあった。序でながら河井先生は本年になって三度歯科医大の附属病院に入られた。最後に閉塞性黄疸で入院された時「病院を変えたら」と云う意見も出たが、先生は院長を信頼して居られて変更されなかった。

先生は御若い時から、稀に胆石で苦しまれたことを別にして、非常に御健康であられ、雲丹、このわた、うるか、豆即菜の如き酒好きの人の好むものを好まれ、なかなか健啖家で、嘗て鮒の洗いを食べて肝臓ジストマに罹られたこともあった。晩年糖尿の気が出てからは米食や肉食を避けオートミルの様にした麦の粥とパンを常食にされた。牛乳が御好きで、病が篤くなられてからも、医師の勧めにより五合位牛乳を飲まれ、家族の方も我々も大に喜んだこともあった。先生は又抹茶が御好きであって御旅行の時など御持参の茶碗で自ら茶を立てゝ召上って居られた。昭和十六年頃島根県へ旅行された時、その茶碗を壊されたことは、余程残念に思われたことと見え、元来物に執着されない方であったが、後になってもその話をして居られた。

先生は又旅行が御好きで、公務の為め又関係された団体の用務の為めなどで旅行されることを、御高齢であるに拘らず苦にされなかった。殊に砂防協会の用務で赤木氏と旅行される時などは、地下足袋、脚絆の軽装で、腰に手拭をぶらさげて、人跡稀な深山幽谷まで抜歩された。

先生は御若い時から水泳が得意であられ、又戦前ゴルフを少しやられたが、碁将棋その他の勝負事は一切御嫌いで、読書を楽んで居られた様である。数年前から孟子を愛読されて居た。「富貴不能淫、貧賤不能移」と云う句や「声聞過情、君子耻之」と云う語は先生の最も好まれた語であった。先生は牧野伸顕伯が〔万?〕巻の書を読んで世界の情勢にに通じて居られ、来朝する外国人の尊敬の的となって居られたことを推奨して居られた。

先生の持ていられたいろいろの美徳の中特記したいのは謙虚と云う徳であった。青山で行われた告別式の時先生の位牌には「河井弥八霊位」とあっただけで〔戒〕名が書いてなかった。私にその理由を御質ねになった方もあった。先生は予ねて祖先より立派な〔戒〕名を付ける可きものに非ずと考えて居られ、御遺族もその御意思を尊重して、〔戒〕名を付けられなかったのである。

（二十六） 最後に先生の交友関係について附加しよう。私の知っている限りでは、先生は最も金原明善翁、徳川家達公、牧野伸顕伯、一木喜徳郎男に私淑して居られ又伊沢多喜男先生、加藤恒忠氏、柴田善三郎氏、小倉正恒氏、古島一雄先生、柳沢保惠伯、樺山愛輔伯、細川護之侯、幣原喜重郎男、湯浅倉〔平〕男、斯波忠三郎男、江口定条氏、稲畑勝太郎氏、藍野弥八氏、佐野尚武氏、緒方竹虎氏、村上義一氏、百武三郎氏、藤田尚徳氏等と御懇意であったように思われる。之等の方々は何れも学識或は経験に富みいろいろの点で卓越した方々であったが、各人に通じて居る特長は私心の無い愛国者であると云うことである。

（二十七） 私は河井先生の御生前いろいろ御迷惑を御かけして申訳なく思って居るが、就中今でも誠に申訳なく思っていることが二つある。その一は、貴族院へ御採用を願って間もなく英国の憲法を日本人に解るようにまとめよと云う御命令を受け精々心がけて居たが御生前遂に脱稿し得なかったことであり、その二は私が不肖を顧みず三度参議院選挙に立候補した時自由党（後に自民党）に属して居たため先生は緑風会に除外例を求めて、時に私のために該当演説までして応援をして下さったに拘らず、当選を得ず国会政治を健全化す御手伝をすることが出来なかったことである。生ある限り御遺旨に副うよう努力することを誓い申上げ、心から御冥福を御祈り申上げて擱筆する。

6 「小林次郎氏談」

出典：松平公益会編刊『松平頼寿伝』（一九六四年）

小林次郎氏談

私が貴族院書記官長になったのは、戦争の始まる前の年でございました。そのときは前任の瀬古さんという人がほかにいましたので突然なったんですが、研究会のなかなどにも、小林というやつは伊沢多喜男の子分だ―同じ県に生まれたものですからね―なにをするかわからんあんなものは書記官長にしない方がいいという意向が相当あったらしいです。

酒井さんなどは、伊沢さんを知っておられましたし、おそらくお口添えがあったと思いますが、はじめは何をするかわからんというような心配の念をもつて、松平議長は私を考えておられたんじゃないかと思われるんです。

しかし、あれは昭和十七年の春だと思いましたけれども、東条内閣のとき、戦争が始まってからですね、大河内さんが、大政翼賛会でしたか、翼賛政治でしたか、そのことで質問されたんです。そのとき内閣では質問をやめさせろ、こういうんです。

大政翼賛会に議員が入会することについて質問することはやめさせろという話があった。常任委員をやっておられました八条さんが、政府からこういってきたと私に伝えて来ました。しかし私は、議会としては質問するのはあたりまえだと思ったんです。議会の機能を全部奉還してしまおうというのが大政翼賛会でしたからね。

それで私、一応は、それは議員の権限を縮小するものだから、そんなことを政府はいわんほうがいいと忠告したんです。けれどもきかなくなっていってきたので、八条さんを経て大河内さんにお話したんです、ところが大河内さん、どうしてもやるといわれる。

そこで私も困りまして、たしかあのとき、井上三郎侯爵が東条さんと同級かなにかだったんですな、そういう関係で夜おそく井上さんのところへ訪ねていったことがあるんです。「東条さんは、あんなふうなことをいうけれども、議会政治を無視するものだから、あなたから一つ、そういうことをいわないようにいって下さい」と頼みにいった。

しかし、政府もなかなかきこうとしないんです、そこで私は議長に朝電話をかけたんです。「至急お目にかかりたいことがある、だからどこへいったらよろしゅうございますか」といったところが「実はきょう馬事協会にいくから、ついでに貴族院に回るから、待っていてくれ」といわれた。

それから、お待ちしておりましたところがおいでになりまして、議長室で「いや、実はこういうような事情で、私はとても議会の書記官長としての職務を全うすることができないから、やめようと思う」と申しましたら、議長が「わしもやめよう」といわれたんです。

きわめて簡単だけれども「わしもやめよう」といわれた。そこで私は、そのことを内閣書記官長の星野君に伝えたわけです。そしたら政府のほうは再び押してこずに、大河内君は質問された、それでことはすんだわけですね。

それ以来、小林というものを議長は非常に了解してくださったらしく、お任せくださいましてやりよかったんです。とにかく軍部と議会との間に立って議長としてもたいへんなご苦労だったし、われわれ職員としても非常にやりにくかったんです。

それを考えようによっちゃ、無造作すぎるくらいに解決されたですね。それでその時は私も議長もやめずにすみましたが、貴族院というものの権威も、表面は失墜せずにすんだです。そういうことがありました。

どう申したらよろしゅうございましょうかね。ものごとを、むずかしい問題でも、平凡化して——といっちゃおかしいですが、平易に解決される天才でしたね。

いまとちがいまして、議会は内面的には、いろいろむずかしいことがあったでしょうけれども、表面は非常になごやかに見えました。

議長が「見做す」と「認める」を、しよっちゅうまちがえられた。ご注意申し上げると「ああわかっとる、わかっとる」といいながら、またかならずまちがえる。

送付ということを「ゾウフ」といわれるんです。

出典：小原直回顧録編纂会編刊『小原直回顧録』(一九六六年)

7 「小原先生の国会答弁」

小原先生の国会答弁　小林次郎

(1) 私は大正九年以来、貴族院に二十七年半、参議院に二年半、合計三十年間奉職し、第四十二回帝国議会から第五回国会まで合計五十六回の議会および国会に関係したものである。

(2) 何れの議会も国会も、始めに総理大臣の施政方針演説があり、引続いて外相、蔵相の演説があって活動が始められるのである。

(3) 議会（国会も含める）政治は政党間の協同行為である性質上、野党の演説は大体積極的であっても、政府およびその与党の演説は消極的であるのが普通であり、原敬さんとか、加藤高明さんとかいう自信に満ちた大宰相でも、大体、所謂低姿勢であった。

(4)その他凡百の大臣は平身低頭型の人が多く、特に憲法改正後、大臣の大量生産があってから、「ウイット」や「ユーモア」と「胡麻化し」とを混同して、その場だけ切り抜ければよい、あとは野となれ山となれというような大臣も現れた。

(5)然るに私の知れる限り二、三の例外がある。

小原先生はその御一人であられる。

小原先生は昭和九年岡田内閣に司法大臣として入られたが、その年の十一月開かれた第六十六回臨時議会は前内閣の後を承け綱紀粛正で問題の喧しかった議会であった。その時、議員の岩田宙造先生から「司法権の運用に関する件」という質問が提出された。

(6)綱紀粛正というのは、明治製糖の脱税事件、帝国人絹株式会社の株式上場問題に関する贈収賄被疑事件が大蔵省内官僚に波及し、黒田大蔵次官以下多数の人が刑事被告人となったことが原因して起った問題であった。

(7)これに対し、小原先生は演壇に立ち、誠心を吐露して答弁をさえた。その内容を略述すると左の通りであった。

(8)司法は、特に綱紀の粛正、官紀の振粛を旨とせねばならぬことは固よりで、就任以来努力して居る。検事のファッショ化の世評は遺憾で、これが疑惑の一掃に努力している。帝人事件に関し検事、行政当局の不当不法の処置があったとの御質問は誠に遺憾であって、左様なことは断じてない。贈賄者が起訴されないのに先に収賄者が起訴されたのは不当であるとの御質問であるが、贈賄者は他の罪名によって既に起訴されて居る。三土忠造氏の偽証罪による起訴は「時宜を得て居ない」との御所論には承服できない。何等不当な処置はない。本事件の被告が逃亡証拠湮滅の虞れがないのに全員を拘留したのは不都合であるとの御所論であるが、予審判事の判断により正当な手続きにより行った適法な処置である。革手錠を施したのは、行刑官吏が被告に自殺の虞れありとの判断の上に人命保護のために施したものである。所謂「ウツツ」責めをしたというが、御承知の通り小部屋しかない。自白強要の手段ではない。京都の豚箱事件とは本質を異にする。すべては予審決定を俟って明らかになると信ずる」等、堂々と反駁的答弁をされた。

(9)また次の第六十七回通常議会においても、重ねて岩田宙造先生から「司法権の運用に関する件」という質問が提出されたが、これに対し小原先生は次の趣旨の答弁をされた。

(10)帝国人絹、台湾銀行から事件関係の証拠となる物件はそれぞれ取締役等の承認を得て適法に領置したもので違法な点はない。被疑者出頭の際の乗車問題、革手錠、仮監に収容した点、罵詈讒謗したとか暴行を加えたとか、病弱被疑者の取扱い、留置所における蚊や蚤の問題等に対する質問に対しては、一々具体的かつ詳細な極めて反駁的な答弁を行われ「博士は如何なる材料に依り如何なる証拠に基いて斯かる質問をせらるるのであるか」と結ばれた。

(11)小原先生の答弁ぶりは、確信に満ちた毅然たる態度で、鄭重ながら冷厳な口調で、時に顔面に紅潮さえ呈して熱弁を振われたことは、まだ昨日のことのように思い出される。

(12)昨今、時々日本倶楽部の談話室で小原先生にお目にかかるが、その時、書記官長の私が小原議員に貴族院の談話室でお目にかかっているような錯覚を起こす程、いまなお先生は御元気であられる。

(13)今日、大臣になることを一身の光栄、家門の名誉と心得、ただ一日も長くその位置に留ることを念とし、国家民生のことを全然考えない大臣の多い時、小原先生の如き正義心に燃え、信念の強い国家国民を愛する方が廟堂に立たれたならば、日本は単に物質的のみならず精神的にも立上ることが出来て、日本民族の将来は洋々たるものがあるのであろうと思われる。国民の自覚自醒を促して止まないものである。

（元貴族院書記官長、初代参議院事務総長）

四、参議院時代関係

1 「「文民」はこうして生まれた」

出典：『朝日新聞』一九五五年三月一八日。

ただし、国立国会図書館憲政資料室所蔵「小林次郎関係文書」一四を底本とし、史料への書き込みは〔　〕内に記した。

〔欄外書込〕
特別委員会小委員会
軍人と共に開戦を指導した文官開戦を推進した政党人
（武臣を除く一般国民）

「文民」はこうして生まれた　小林次郎

GHQが修正申入れ　憲法第六十六条「シビリアン」の訳語に悩む

（一）また「文民」が問題になっているようである。憲法に仮りに「富士山は日本一の山である」とい《ママ》条文があるとすれば、制定者は「富士山は日本一高い山である」という考えで制定したにしても、解釈する人としては「日本一高い山である」と解釈しようが「日本一美しい山である」と解釈しようがまた「日本一低い山である」と解釈しようが「日本一みにくい山である」と解釈しようが制定者から拘束される必要はない。ただ余り常識とかけ離れた解釈をすると、その学者は勉強の足りない学者、その政治家は愚劣な政治家といわれることになる。

(二) 憲法第六十六条第二項の「文民」がどうして生れたかをお話して学者、政治家諸君の御参考に供したいと思う。当時の事情を最もよく知っている私としては国家に対する責任だと思って筆をとる。

(三) 衆議院の審議が終り、貴族院で受取って本会議へ上程して本格的に憲法改正案の審議を始めたのは二十一年八月二十六日であり更に特別委員会の手に移ったのは八月三十一日であった。

(四) 九月二十五日の午前十時ごろ当時の第一次吉田内閣の憲法改正担当の国務大臣植原悦二郎氏が私の室へ見えて「小林君弱ったことが出来た。というのは、昨日(秋季皇霊祭)は先方は休みでなかったので、ホイットニーとケーディスが首相の処へやって来て、憲法改正案に二個所の修正をしてもらいたいとのことであった。二人のいうには新聞には書いてくれるな。どうしても話さねばならぬ必要が出来たらGHQの希望だといってくれ。本当はGHQ以外の所から出て来たもので、実質的には大したものでないから受入れてもらいたいということであった」という申出をされた。私はこれに対し「政府は何時でも議案を撤回して修正して提出できるからそうなさったらよいでしょう」と答えた。ところが植原氏は「衆議院で審議に意外に長い時日を要して折角まとめたのを、また修正再提出ということにすると、さらに長い時日を要するので、貴族院の特別委員会の修正ということで取計ってもらえないか。衆議院の方は必ずその修正でまとまるように努力する」とのお話であった。

【注=ホイットニー氏は当時の総司令部民政局長、ケーディス氏は同民政局員】

（五）事が重大なので徳川議長にもお話して、各派交渉委員、憲法改正特別委員の方々や内閣書記官長、法制局長官らとも打合せの上、貴族院の特別委員会の修正として取扱うことになった。

（六）修正の個所は第十五条第三項にUniversal adult suffrage is hereby guaranteed（成年者による普通選挙権の保障）第六十六条第二項にPrime minister and all ministers of the State shall be civilians.（総理大臣および国務大臣はシビリアンでなくてはならない）を加えることであった。当時貴族院の特別委員会では大公使の任免、条約の批准、恩赦を認証事項から外すこと、家族制度の尊重を入れることを検討中であったので、この二つの問題も併せて検討することになった。

（七）〔十月一日午后七時半——午前一時〕貴族院の議長官舎へホイットニー、ケーディス以下多数の米国側の人々に来てもらい、当方よりは山田博士、高柳博士、高木博士等〔八名〕に出席していただいて夜を徹して〔「二回」を抹消〕懇談した結果、これらの審議を極めて円滑に敏速に進めることが出来た。

（八）「成年者による普通選挙」は問題がなかったが、シビリアンについては適当な訳語がないので大いに閉口した。当時貴族院で調べたところでは英国の海軍大臣はシビリアンでなければならぬという規程があるそうである。「シビリアン」という語は「現役軍人および僧侶を除いた一般人」という意味の語で、リタイヤ（退役）した軍人はこの中へ入るのである。日本語にはシビリアンという概念の語がない。いくらつぎはぎだらけな浴衣がけの憲法であっても、国家の根本法である以上、いくらかかっこうも考えなければならない。「現役軍人および僧侶を除いた一般人」というようなだらだらした訳語で現わすわけにもゆかない。さればとて片仮名で「シビリアン」と書くだけの勇気も出なかった。〔■■■■■■■■■■生きる目的及シビルライフある者、（多■）〕

（九）先方の考えは軍人を大臣にすることを禁じ、軍閥の台頭を防ぎたいというにあったのであろう。しかし軍備を撤廃し戦争を放棄する日本に現役軍人のありようがない。また当時パージ（追放）が進行中であったが、パージにかけられた人々も、やがて平和が回復されれば、パージから解除される現役を去った人々である。

(一〇) 何とかシビリアンという語をなるべく正確な訳語で現わして、戦争をひき起した直接の責任者である元帥、大将連は別としても、士官学校、兵学校等を卒業し少尉に任官した途端に終戦、再出発して各種の学校へ入り、各界に立身して二、三十年後政治に志し、国務大臣にでもなれそうになった時に、憲法の規定によりそれが禁ぜられているというような事態の起らないようにしておきたいというのが私の考えであった。

(一一) かつて二・二六事件の後、広田内閣で陸海軍大臣を現役大中将に限るように改正した時に「予備役大中将までなれるようにしておくと荒木や真崎がまた出て来て二・二六事件を起すおそれがあるから改正するのだ」という説明もあったということである。改正の結果陸海軍大臣になる人は陸海軍各三長官の同意を得なければその位地に就くことが出来なくなり、陸軍の主流は自己の欲せざる内閣からは陸軍大臣をひっこめ、または送らないで、自己の意の如く動く弱気の政治家の内閣をつくってついに太平洋戦に突入するようにしたということを聞いておった。〔陸軍ノ謀略デアツタト云ハレテ居ル〕某々二国が〔謀略〕で日本の二、三十年先きの国内的トラブルの起ることを〔考へて〕この修正案を出したのではないという証明を何人が為し得るであろうかと考えた。

(一二) 当時金森国務大臣は「内閣総理大臣その他の国務大臣は武官の職歴を有しない者でなければならない」と書こうとした。しかも「武官の職歴」の意味を「義務履行としてでなく志願に基き本職として陸海軍武官〔将校、下士官の両者を含む〕たりし者の意味であると説明し、一般義務兵役出の者は除き、いわゆる正規将校たりし者は一切内閣総理大臣その他の国務大臣になれないことにしようとしたのであった。

（一三）これこそ〔極東委員列席〕国の希望するところに陥るものであって、何としてもこれを阻止して、憂を後世に絶っておくことが、亡び行く貴族院の国家に対する最後の勤めであると考えたので、平素共に国家を憂いておられた先輩研究会所属議員の松本学氏にお話したところが（当時多数の国士的な議員は貴族院から歯の抜けるようにボツボツ追放されていた）非常に同感の意を表されたので二人で手分けをして特別委員の諸君にお願いして、とも角も何か特別の訳語を考えることについて賛成を得、同時に表面、政府を介し、また貴族院としては高柳賢三先生をわずらわすと共に私が直接に加瀬書記官（現外務相参与）宇山書記官らにお頼みしてＧＨＱに説き、適当な言葉をコイン（鋳造）してよろしいという同意を得た。

（一四）そこで特別委員諸君が各自の考えを持ち寄った。文化人、平人、凡人、文臣、文人、民人、文治人、平和業務者、世界人、中には地方人などというのもあったが、だんだん消していって、最後に文民という語が残った。これは小林（注＝筆者）が考え出したのだと世間の一部に伝えられているが、実は元拓務大臣の川村竹治先生のお考えである。先生は漢文の造けいの深い方である。文武という文字から武を削り、臣民という文字から臣を削って二つ合せると「文民」となる。〔臣は官吏である。民は一般国民である。〕特別な出典がある文字ではないがこんなところでどうだろうかというのであった。各委員も十分納得しかねるが、これでも金森案のように「武官の職歴」うんぬんとして将来〔「多数の」を抹消〕兵科の将校や下士官のみならず経理官や技術官や軍医官までも含めた多数の犠牲者を出すようになるよりもよかろうということになりＧＨＱの同意も得、特別委員会および本会議では〔形式を整へる為めの〕小委員会における織田信恒委員の「此ノ『文民』トハ文ノ民ト書キマス、文民トハ武臣ニ対照シマシテ、英語デ申シマスナラバ『シビリアン』トイウ言葉ニ当テハマルト思イマス、以上ヲ修正案トシテ提出イタシマス」という発言を基として橋本小委員長、安倍特別委員長の報告がそれぞれ〔あって〕特別委員会および本会議で可決され、更に衆議院に回付され、その同意を得て憲法第六十六条第二項の「文民」は生れたのであった。

（一五）当時「文民」は非常に評判が悪かった。こんな意味の分らない修正（世間では貴族院が自発的に修正したものだと思っていた）をする貴族院は当然滅亡すべき運命をもっているのであるというのであった。貴族院はこの非難を浴びつつ一応憂を後世に絶って静かに消え去ったのである。

（一六）その後「文民」の語は国民の間に習熟されて来て条約文等にも沢山用いられるようになり文民の語に武官の職歴を有する者を包含しないとすれば条約が何のための条約か分からないようなものも出来て来た。（昭和二十八年十月二十一日条約第二十六号戦地における文民の保護に関する千九百四十九年八月十二日のジュネーヴ条約参照）

（一七）日本の主権は国民に存する。国民はその代表者である国会によって内閣総理大臣を定める。その文民であるか否かは国会が決め、その他の国務大臣が文民であるか否かは内閣総理大臣が定めるのであると一応考えられる。今の法制の建前では最高裁判所でも手の着けようがあるまい。

（一八）なお最後に一言したいことは、私どもは文民だけでなく、つぎはぎだらけな用語や表現の妥当を欠いた点の多いこの憲法を造るに当り「マックアーサー」がおらなくなればどうにかなるだろうというばく然たる考えで西独のボン基本法第一四六条にいうが如き「コノ基本法ハドイツ人民ガ自由ノ決定ニヨッテ採用シタ憲法ガ実施サレタ時ハソノ日ニオイテ効力ヲ失ウ」という規定を設けることをあえてし得なかったことに対し国民諸君に向い誠に申訳なく思っているということである。

（元貴族院議員、元貴族院書記官長）

［注］本記事に次の前書きがあった。

第二次鳩山内閣の組閣の途上、鳩山首相は防衛庁長官に元海軍大将で駐米大使だった野村吉三郎氏を起用する考えも一時はあったため、憲法第六十六条の「内閣総理大臣その他の国務大臣は文民でなければならない」という規定がまたまた問題になり本紙の論壇で憲法学者の佐藤功氏は「元軍人は文民でない」との解釈から野村氏をもし入閣させるならばそれは違憲である旨を論じた。ところがこれに対し、「文民」の規定が生れたいきさつについて当時の貴族院書記官長の小林次郎氏から、また憲法解釈について前法制局長官の佐藤達夫氏から次のような投稿があった。

2 「文民の話」 無号〜(三)

出典:『瑞穂』第三八号〜第四〇号(黒沢浄先生後援会、一九五五年)

文民の話

会長 元貴族院書記官長 貴族院議員 小林次郎

一

三月十八日の朝日新聞に「文民はこうして生れた」を書いた処が、方々から——未知の方からも——感謝の手紙を戴いて恐縮して居る。原稿の字数を制限されて居たので簡短を旨としたために、一寸お解り悪いような点があつたと思う。山本さんから紙面は充分上げるからよく解るように書けというお話があつたので、書くことにする。

二

法律学の方では立法者の意思は法律の終局的解釈ではないと云う原則がある。従つて仮りに憲法に

「富士山は日本一の山である」と云う規定があるとすれば制定者は「富士山は日本一高い山である」という考えで制定したとしても、解釈する人としては「日本一美しい山である」と解釈しようが、また「日本一低い山である」と解釈しようが、「日本一みにくい山である」と解釈しようが、制定者から拘束される必要はない。ただイデオロギーに囚われ過ぎたり、党利党略だけを考えて、余り常識とかけ離れた解釈をすると、その学者は勉強の足りない学者、その政治家は愚劣な政治家といわれることになる。

三

憲法第六十六条第二項の「文民」がどうして生れたかをお話して、学者政治家その他一般諸君の御参考に供したいと思う。当時の事情を最もよく知つて居る私としては、国家に対する義務だと思つて筆をとる。

四

衆議院に於ける憲法の審議が終り、貴族院で受取つて本会議へ上程して本格的に憲法改正の審議を始めたのは、昭和二十一年八月二十六日であり、更に特別委員会の手に移つたのは八月三十一日であつた。

五

九月二十五日の午前十時ごろ、当時の第一次吉田内閣の憲法改正担当の国務大臣植原悦二郎氏が私の室へ見えて「小林君、弱つたことが出来た。というのは昨日（秋季皇霊祭）は先方は休みでなかつたので、ホイツトニーとケーデスが首相の処へやつて来て、憲法改正案に二個所の修正をしてもらいたいとのことであつた。二人のいうのには新聞には書いてくれるな。どうしても話さねばならぬ必要が出来たらＧＨＱの希望だといつてくれ。ほんとうはＧＨＱ以外の所から出て来たもので、実質的には大したものでないから受入れてもらいたいということであつた」という申出をされた。私はこれに対し「政府は何時でも議案を撤回し修正して提出できるからそうなさつたらよいでしよう」と答えた。ところが植原氏は「衆議院で審議に案外長い時日を要し折角まとめたのを、また修正再提出ということにすると、さらに長い時日を要するので貴族院の特別委員会の修正ということで取計つてもらえないか。衆議院の方は必ずその修正でまとまるように努力する」とのお話であつた。ホイツトニー氏は当時ＧＨＱの民政局長であり、ケーデスは民政局の次長であつた。

六

事が重大なので、徳川（家正公）議長にも話し、各派交渉委員会や憲法改正特別委員の諸君や内閣書記官長法制局長官等とも打合せの上、貴族院の特別委員会の修正として取扱うことになつた。勿論これに対しては相当反対意見もあつたのである。

七

修正の個所は第十五条第三項に Universal adult suffrage is hereby guaranteed（成年者による普通選挙権が保障される）第六十六条第二項に **Prime minister and all ministers of the State shall be civilians**（総理大臣および国務大臣はシビリアンでなくてはならない）を加えることであつた。当時貴族院の特別委員会では大公使の任免、条約の批准、恩赦を認証事項から外すこと、家族制度の尊重を憲法に入れることを検討中であつたのでこの先方から申出の二つの問題も併せて検討することになつた。

八

平河町の貴族院の議長官舎へホイットニー、ケーデス、ハッシー、ヘイズ以下多数のＧＨＱの人々にも来てもらい、当方からは山田三郎博士、高柳賢三博士、高木八尺博士等に出席していたゞいて夜を徹して二回懇談した結果、これらの審議を極めて円滑に且つ敏速に進めることが出来た。どうした訳か、ホイットニーが山田博士に対し非常な敬意を払って、ケーデス等が無理な議論をするのを押えて居たことは、今でも眼前に彷彿たるものがある。

九

「成年者による普通選挙」は問題がなかつたがシビリアンについては適当な訳語がないので大いに閉口した。当時貴族院で調べたところでは英国の海軍大臣はシビリアンでなければならぬと云う規程があるそうであつたが、その「シビリアン」という語は「現役軍人および僧侶を除いた一般人」という意味の語であつて、リタイヤ（退役）した軍人はこの中に含まれて居る即ちシビリアンであるのである。日本語はシビリアンと云う概念の語がない。何も之は日本語が不完全な語であると云うのではない。「わび」とか「さび」とか云うような語は英語にも独語にもないのである。いくらつぎはぎだらけな浴衣がけの憲法であつても、国家の根本法である以上、いくらかかつこうも考えなければならない。「現役軍人および僧侶を除いた一般人」というようなだらだらした訳語で現わすわけにもゆかない。さればとて片仮名で「シビリアン」と書くだけの勇気も出なかった。

十

これは衆議院に於て審議中にも先方から申出があつたのを、衆議院が軍備のない国にはナンセンスな規定ではないかと云つて反対したところが、ＧＨＱ側も「なるほど」と云つて引込めた案であるのである。之は前にも述べたとおり、ＧＨＱが考え出したのではなく、以外の所即ち極東委員会で英国が発案しロシアがセカンドした案であつたので、ＧＨＱ側は無理にも通そうと云う熱意はなかつたのである。その考えは軍人を大臣にすることを禁じ軍閥の抬頭を防ぎたいというにあつたであろう。しかし軍備を撤廃し戦争を放棄する日本に現役軍人のありようがない。また当時パージ（追放）が進行中であつたが、現役軍人たりしの理由でパージにかけられた人々も、やがて講和条約が締結され平和が回復されればパージから解除されるが、その時には、既に現役軍人ではないのである。

十一

何とか「シビリアン」という語をなるべく正確な語で現わして、戦争をひき起した直接の責任者である極めて小数の元帥大将連は別としても、士官学校、兵学校等を卒業し任官したかしないかに終戦となり、再出発して各種の学校へ入学卒業して、各界に立身し、更に二三十年の後政治に志し国務大臣にでもなれそうになつた時、憲法の規定によりそれが禁ぜられているというような事態の起こらないようにしておきたいと云うのが当時の私の考えであつた。

十二

かつて二・二六事件の後、広田内閣で陸海軍大臣を現役の大中将に限るように改正した時に「陸海軍大臣に予備役大中将までなれるようにしておくと荒木や真崎がまた出て来て二・二六事件を起すおそれがあるから改正するのだ」という説明もあつたということである。改正の結果陸海軍大臣になるには陸海軍の各三長官の同意を得なければその位置に就くことが出来なくなり、陸軍の主流は始めは支持した内閣でも気に入らなくなれば陸軍大臣をひつこめ、気にのらない内閣が出来そうになれば陸軍大臣を送らないでその組閣を妨害して、自己の意の如く動く弱気の政治家の内閣をつくつて戦争の態勢を整え、遂に大東亜戦争に突入するようにした、これは陸軍の謀略であつたと云われて居る。極東委員会の諸国が二三十年後の国内的トラブルの起ることを目標にしてこの修正案を出したのではないと云う証明を何人が為し得るであろうかと考えた。

十三

当時金森国務大臣はGHQの同意を得て「内閣総理大臣その他の国務大臣は武官の職歴を有しない者でなければならない」と書こうとした。しかも「武官の職歴」の意味を「義務履行としてではなく志願に基づき本職として陸海軍武官（将校下士官の両者を含む）たりし者の意味であると説明し、一般義務兵役出身の者は除きいわゆる正規将校たりし者は一切内閣総理大臣その他の国務大臣になれないことにしようとしたのであった。

十四

これによれば、単に兵科の将校や下士官のみならず、経理官や軍医官や技術官までも含めた非常に多数の犠牲者を出すことになるのである。

十五

これこそ修正案を出した国々の希望するところに陥るものであつて、何としてもこれを阻止して、憂を後世に絶つておくことが亡び行く貴族院の国家に対する最後の勤めであると考えたので、平素共に国家の将来を憂いて居られた研究会所属議員〔松〕本学氏にお話したところが、（当時多数の国士的な議員はボロボロ歯の抜けるように貴族院から追放されていた）非常に同感の意を表されたので、二人で手分をして特別委員の諸君にお願いしてとも角も特別の訳語を作ることを考えることについて賛成を得、当時の表面政府を介し、また貴族院としては高柳賢三先生をわずらわすと共に、私が直接に加瀬書記官（現国連大使）宇山書記官などによつてＧＨＱに説き、適当なる言葉をコイン（鋳造）してよろしいという同意を得た。

十六

そこで特別委員の諸君が各自の考えを持ち寄ることになつた。文化人、平人、凡人、文臣、文人、民人、文治人、平和業務者、世界人、中には地方人などというものもあつたが、だん〳〵消していつて最後に「文民」という語が残つた。これは小林次郎が考え出したのだと世間の一部に伝えられて、兎角の批評を受けたのであるが、実は元拓務大臣や台湾総督をされた川村竹治先生のお考えであつたのである。先生は漢文の造詣の深い方である。文武という文字から武を削り、臣民という文字から臣を削つて二つ合わせると「文民」となる。臣は官吏で民は一般国民である。特別の出典のある文字ではないが、こんなところでどうだろうかというのであつた。各委員も十分納得しかねるが、これでも金森案のように「武官の職歴」うんぬんとうたつて、将来多数の犠牲者を出すようになるよりもよかろうということになり、他方ＧＨＱの同意を得、形式を整える為めに、小委員会で研究会所属の織田信恒委員から「此ノ『文民』トハ文ノ民ト書キマス、文民トハ武臣ニ対照シマシテ、英語デ申シマスナラバ『シビリアン』トイウ言葉ニ当テハマルト思イマス、以上ヲ修正案トシテ提出イタシマス」という発言をして貰い、小委員会はそれを可決し、更に特別委員会は橋本実斐小委員長の報告を基として之を可決し、更に本会議は安倍特別委員の報告を基として之を可決し、更に衆議院に回付してその同意を得て、**憲法第六十六条第二項**の「**文民**」は生れたのであつた。

十七

当時「文民」は非常に評判が悪かつた。こんな意味の分からない修正（世間では貴族院が自発的にこの修正をしたものだと思つて居た）をする貴族院はこれだけでも当然滅亡すべき運命をもつているのであるというのであつた。貴族院はこの非難を浴びつつ一応憂を後世に絶つて静かに消え去つたのである。

十八

その後「文民」と云う語は国民の間に習熟されて来て、新聞などにも「文民権」と云うような文字が表れるようになり又条約文等にも沢山用いられるようになり、「文民」の語に武官の職歴を有する者を包含しないとすれば条約が何のための条約か分からないようなものも出来て来た。昭和二十八年十月二十一日条約第二十六号戦地における文民の保護に関する千九百四十九年八月十二日のジュネーブ条約などはその一例である。

十九

日本の主権は国民に存する。国民はその代表者である国会によつて内閣総理大臣を定める。従つて内閣総理大臣が文民であるかどうかは国会が定めるのである。更にその他の国務大臣は文民であるかどうかは内閣総理大臣がその責任に於て定めるべきであろう。今の法制の建前では最高裁判所も手の着けようがあるまい。

二十

なお最後に一言したいことは、私どもは「文民」だけでなく、つぎはぎだらけな用語や表現の妥当を欠いた処の多いこの憲法を造るに当り「マックアーサー」がおらなくなればどうにかなるだろうというばく然たる考えで、西独乙のボン基本法第一四六条にいうような「コノ基本法ハドイツ人民ガ自由ノ決定ニヨツテ採用シタ憲法ガ実施サレタ時ハソノ日ニオイテ効力ヲ失ウ」という規定を設けることをあえてし得なかつたことに対し国民諸君に向つて誠に申訳なく思つていると云うことと、最近国会の立法に対する心構えが悪ければまた改正すればよいと云う軽い気持になつたことは誤りであつて法律的に憲法を造るのは、建物で云えばコンクリート建築を造るのでバラック建築を造るのであつてはならぬと云うことをこの憲法制定の経過にかえりみ国民も議員も考えなければならぬと云うことと《ママ》である。(終)

［注］本論文には『瑞穂』編者の次の前書きが付されている。

憲法改正問題は現下国民に与えられた最大の課題である。本年三月中旬第二次鳩山内閣組閣の途上第二次鳩山首相は防衛庁長官に元海軍大将で駐米大使でだつた野村吉三郎氏を起用せんとした時俄然世論は憲法第六十六条にある「内閣総理大臣その他の国務大臣は文民でなければならない」とある「文民」に就て幾多の議論が交わされたことは皆様周知のことゝ思う。

編者は憲法改正に関する資料にもと憲法制定当時（昭和二十一年八月）の直接関係者本会長〔黒沢浄先生後援会　編者注〕小林次郎先生を煩わして往年「文民」の文字誕生などの経緯を聴くこととした、この論文は多分三四回に亘るものと思う。

3 「現行憲法制定の経緯」

出典：『がいど』第一巻第三号（一九六五年）

現行憲法制定の経緯　小林次郎　―元参議院事務総長―

○始めに

御承知のように昭和二十年八月十五日に終戦の詔書が発布されました。正午に所謂世紀のラジオ放送があったのですが、その基礎はポツダム宣言の受諾にあります。ポツダム宣言の中にいろいろの条項がありましたが、中でも次の三つの条項

第六項「世界征服ノ挙ニ出ヅルノ過誤ヲ犯サシメタル者ノ権力ハ永久ニ除セラレザルベカラズ」

第十項「日本国政府ハ日本国民ノ間ニ於ケル民主主義的傾向ノ復活強化ニ対スル一切ノ障礙ヲ除去スベシ。言論、宗教及思想ノ自由並ニ基本的人権ノ尊重ハ確立セラルベシ」

第十二項「日本国国民ノ自由ニ表明セル意思ニ従ヒ平和的傾向ヲ有シ且ツ責任アル政府ガ樹立セラルニ於テハ連合国ノ占領軍ハ直ニ日本国ヨリ撤収セラルベシ」

はいままでの憲法では実現できないことになります。どうしても憲法を改正しなければならぬわけです。しかし鈴木内閣の後出来た東久邇内閣も、憲法改正のことは何も考えなかった。当面喫緊の終戦事務処理、憲法尊重、国体擁護というようなことをいっておりました。ところが十月十四日、近衛さんがマッカーサーを訪ねたとき「あなたが憲法改正を指導されたらどうだ」という話をした。

その日の午後でした「自由の指令」というものをＧＨＱから東久邇内閣にもってきました。それには、思想、信教、集会、言論の自由にたいする制限を確立又は維持する法令（天皇、皇室制度ならびに日本国

政府にかんする自由なる論議に対する制限令を含む）を撤廃することということがあったのです。これからは天皇、皇室、政府にかんして勝手に批判してもよろしいということになったです。熊沢天皇と今上天皇とどちらが正統か、などということを論議してよいことになったのです。そうなってくると皇族内閣たる東久邇内閣はいにくくなったわけですね。

○マ元帥との折衝も空しく

それで東久邇内閣が辞めて、幣原内閣が十月十九日に出現しました。十一日、近衛さんが内大臣府の御用掛りになった日に、幣原さんがマッカーサーに挨拶しにいきました。マッカーサーは非常に論説家で、日本人と会ったとき自分だけ部屋の中をグルグル歩きながらしゃべっていて、日本人には発言させない人だったのです。ところが、日本人はあまり外国語がうまくないから、大概の大臣や議員などマッカーサーと会って、肝胆相照らしてかえってきたなどといいふらしたものが、実はよくわからないマッカーサーの演説を聞いて帰って来たのが多かったようです。幣原さんだけは外国語に堪能であられたからよくわかる。マッカーサーが憲法の自由主義化を包含するところの日本の伝統的社会秩序の矯正にかんする見解を幣原さんに示したその中に、（一）選挙権賦与による日本婦人の解放、（二）労働組合の促進、（三）一層自由主義教育を行なうための学校の増設、（四）秘密検察制度の廃止、（五）産〔業〕の独占禁止ということがはいっていた。

ところが幣原さんは婦人参政権〔は法律の改正で済むこと〕や労働組合などは日本ではやっているのだから、特に憲法改正をしてそんなことをする必要はないだろうといったところ、マッカーサーは「いや日本の憲法には『天皇ハ神聖ニシテ侵スヘカラス』というような神がかった規定がある。こういう変な憲法は改正しなければならぬ」といった。

これに対して幣原さんは「英国の国王は悪をなさず」ということと同じで天皇無答責を定めたものであるから、そんなことで憲法を改正する必要がないと反駁された。マッカーサーもだまってしまったから、幣原さんも俺のいうことがわかったのだと解釈して帰ってきて、翌日の閣議で「マッカーサーがこんなことをいったから自分はこういって来た。従って当分憲法改正の必要はない。」と話され、閣議に列した閣僚たちもこれを諒承したということです。

十一日の日、近衛さんは内大臣府に憲法改正調査の御用掛りを設け、京都の佐々木惣一先生と共にその職につき、仕事をはじめるようになった。

そのことが世間につたわると世間では「けしからぬ。近衛は敗戦責任者の一人ではないか、それに内大臣府はそんなことをするところではない。」といい、同時に学会とか、協会とか、政党とか、評論家とか、いうところが憲法草案のようなものを発表したので、政府もだまっていることが出来ず、十月十三日、官制によらない憲法問題調査委員会を設け、松本烝治先生が委員長となり、枢密院書記官長、法制局長官、大学教授等が委員となることになり、そののち国会のことを審議する必要があるというので、私と衆議院書記官長の大池真君が委員に加わり憲法調査をはじめました。

これが私の関係したいちばん初めです。私共は先ず第一に憲法改正の必要ありや否やということを検討して、もし必要ありとすれば改正案を考えてくれと命ぜられて大いに勉強して仕事を進め、十二月二十六日に第六回総会を開いて甲案、乙案をつくりこれを松本先生の手許に提出したのです。

それから議会がありましたので、しばらくの間、私共は発言する機会がなかったわけです。

後で聞いたことですが、松本先生は私共の作った甲案、乙案を基にして検討せられ、一月四日に、松本案を作り、二月八日に説明書と共に、マッカーサー司令部へ提出された。ところが、二月十三日午前、ホイットニー代将とケーズ大佐が麻布の外相官邸にやって来て、松本案を返却し、松本先生と吉田茂さんとに、ＧＨＱの案を渡して次のようにいったのです。

（１）日本政府から提出したものは司令部は承認出来ない。

（２）この当方の提案は、司令部にも米本国にも極東委員会にも承認せらるべきものである。

（３）これなくしては天皇の身体を保障することは出来ない。

（４）日本政府に対して命令はしない。しかしこの提案と基本原則と根本形態を一にする改正案を速かに作成提示されることを切望する。

「ちょっと読むから待ってくれ」と連中が庭を歩いている間に、松本先生と吉田さんが二十分ばかり読んだところが、吉田さんはそれ程びっくりされなかったが、松本先生は見ておどろかれた。最も驚かれたのは、

（１）天皇の統治権は否認されて象徴となり

（２）二院制度は廃止され、

（３）軍備は撤廃され戦争は放棄され、

（４）土地その他天然資源は国有にする、

という四点であったのです。

それで何んとしてもすぐ返事が出来ないから、後で相談して、返事をするといって、帰しました。それから閣議に諮ったところ、閣議はもちろんそんなけしからぬことは困るということであった。向こうの案も一週間位で作った案ですから杜撰なものであったのです。

松本先生が、

何故一院制度にするかときかれたところ、向こうはカリフォルニヤよりも小さい日本に、二院制度は不要であるという。松本先生は、チェク・アンド・バランスの原則で二院制度を採用しているのであって、

大きい、小さいではない。これはブライスのモダン・デモクラシーでも見ればわかると教えてやった。向こうでは、司令部へ帰って、モダン・デモクラシーを見たら、なる程二院制度の方がよいということで、かんたんにひっこめた。

土地その他天然資源を国有にせよということに対して、松本先生はわざと忘れた振りをして、日本文の草案をこしらえて出されました。

すると向こうでも国有について可否の両論があったらしく、文句なしにパスした。

しかし天皇を象徴にすることと、軍備撤廃、戦争放棄は是非やってくれということであった。幣原さんも何度も足を運ばれたが、これだけはいかんということであったのです。

○最初は厳しかった米国の意図

米国政府からマッカーサー司令部にあてた「指令書では、先ず第一に

（1）戦争放棄は考えていない。ただ天皇が軍隊をもつことに反対している。

（2）天皇制については残すとも残さないともきめていない。

（3）新憲法の起草採択にあたっては日本国民の自由意志を表明する方法で行なう。

などを指示するに止まっていた。であるから天皇制を現在のかたちで残したこと。

第九条に戦争放棄を規定したことなど、アメリカ政府の意向というよりも、マッカーサー司令部の考えによるものであることが想像される」というような新聞記事も最近見ましたが、内面的の事情はいろいろのことが想像されるが、その当時、何も材料をもっておらなかったのです。後でわかったことですが、アメリカの方はできれば、日本民族とドイツ民族というものをほろぼしてしまいたい、すくなくとも農業だけやるような国にしてしまいたい。こういうことを希望していたといわれているのです。

一九四三年ケベック会議で——日本に

（1）日本に軍備を撤廃させる（デス・アーマメント）

（2）非軍備化す（デス・ミリタリゼーション）

（3）工業もやらせない（デス・インダストリアリゼーション）

（4）中央集権を禁止する（デス・セントラリゼーション）

（5）民主化させる（デモクラチゼーション）という方針をきめたのです。

そういうことを考えると、個々の箇条については、あるいはマッカーサーの行き過ぎということもあったでしょうが、日本を弱体化する憲法の制定ということについてはマッカーサー一人に責任を負わすべくでなく、アメリカ自体として計画していたことと思います。

○ドイツに比べ手落ちがあった

ひとり貴族院といわず、その当時なん人も憲法を変えるなどということは予想もしなかった。だからポツダム宣言受諾の際も「国体を護持することを得て」というようなことを、独りよがりでいって、向こうはイエスともノーともいわないことを、国民全体がそのつもりでいたらしい。だから主権在民、天皇は何も実権をもたない象徴になられるということにたいして、少数の人を除いてはみな反対した。又軍備撤廃してハダカになって、はたしてよいものかというようなこともみな心配したものです。

貴族院として特に骨を折ったのは

（1）案全体を通じ特に前文の表現が日本ばなれをしているのを、如何に日本語らしくするかという問題

（2）国体変革の問題

(3) 天皇の権限を拡張する問題
(4) 軍備撤廃の問題
(5) 家族生活尊重の問題
(6) 参議院の組織を参議院法で規定する問題
(7) 最高裁判所裁判官の国民審査の条項を削る問題

などでありました。

もう一つここで申し上げておきたいのは、一体こんなに憲法を改正して後でどうなるか、ということでみんな心配したことです。大概の人はアメリカがいなくなればどうにかなろう……これ以上に考えられなかった。ところが現在はどうにもならないのです。これはドイツにくらべると、実にわれわれの手落ちだったのです。

ドイツは頑強に反対した。一九四七年十一月二十六日から十二月十六日までひらかれたロンドン会議で、ドイツにたいし憲法制定会議を開けと命令しましたが、これに対して、その翌年の七月、ドイツの各政党がコブレンツにあつまって、憲法改正をするのはいやだ。議会評議会でグルンド・ゲゼッツならば作ってもよい、という決議をして連合国側に対峙し、遂にその目的を達したのであります。しかもグルンド・ゲゼッツの第百四十六条に「この基本法はドイツ人民が自由の決定によって採用した憲法が実施されたときは、その日において効力を失う」とかいてある。

日本は何故こういうことを入れなかったかと、いまになって悔やんでいる訳ですが、こういうことになったのは、われわれに知識がなかったということが一つ、同時に日本という国がいままで負けたことがない、外国から強いられて憲法を改正したことはない。ところがドイツはワイマール憲法をこしらえさせられていかにひどい目にあったか、痛切に体験したものだから、それでチャンとこういうことを書くことを忘れなかったのです。

○終わりに

以上概略の一部を申し上げましたが、貴族院だけを採ってみまして、最終の決議に反対された方はあるのですか、という問いに対しては、

ありますす。すくなくとも佐々木惣一先生と沢田牛麿さんは堂々と反対論をやられたのです。賛否を起立に問うたのですが、この外にも二、三人起立しなかった方がありました。兎も角も衆議院では保守主義に属する人々が全部賛成投票をしたのに、保守主義の権化と思われた貴族院に於いて、数人の反対者があったということを、国民の胸に銘記しておいていただきたい。

五、参議院選挙関係

1 「敗戦記」(上)(中)(下)

出典:『国会』第三巻第一〇号~一二号(一九五〇年一〇月~一二月)

前参議院事務総長　小林次郎

「敗戦記」(上)

(一) 前がき

落選候補者には鼻汁もひつかけない世の中に、松本国会氏が紙面をいくらでもやるから敗戦記を書け

と云われたのに対して自分は非常に感激した。思う存分書こうかと思つたが、更に自由党長野県支部の異常なる党情に基く敗戦記を書いても国会社を裨益することの少いことを思い簡単に書くことにする。

（二）無知は力なり

ジョージ・オーウェルの著「一九八四年に於ける倫敦」の中に英国社会党（今はそんな党はない）の標語が掲げてある。曰く「戦争は平和なり。自由は隷属なり。無知は力なり。」私は無知は力なりと云うことは一九五〇年の日本で英国に先立つて行われて居たことを先づ記しておく。法律を知らない者は強い。恥を知らない者は強い。エチケツトを知らない者は強い。

（三）辞職

一日も早く戦争を止めることが国の為め民族の為め又世界人類の為め必要だと考え、貴族院の同憂の士と種々画策したが、何れも画餅に帰し、ポツダム宣言の受諾、無条件降伏文書の調印、憲法の改正となり、大日本帝国は滅亡し国民主権の日本国が生れた。大日本帝国憲法の成立にやゝ後れて生れ、大日本帝国憲法と共に育つた私は、日本国憲法の成立と共に引退する考であつたが、先輩諸公の御勧誘により当分の間参議院事務総長を勤めることにした。扨てなつて見ると大変だ。議員の中には立派な方も沢山居られたが、形勢非なりと見てか蔭に陰れて居られ、良識良心の乏しいと世人の批評するような人々が参議院を支配し議院の運営の如きも乱暴なものであつた。それが次第に軌道にのるようになり、松平議長の名議長たるの見通しも付いたので昨年九月辞職した。

（四）憲法精神の普及

二年半の体験に徹〔徴カ〕し、日本国憲法の精神が国民の間に理解されて居ないことが判つたので、日本民族将来のため、余生を国民の政治教育に捧げようと決心した。議席を得ると云ふが如きことは問題でなかつた。処が多数の先輩友人が、どうせそう云ふ考えなら参議院へ立てと勧めて下さり、又或《ママ》の如きは先輩の松本さんが夢枕に立つて「早く立たぬと他人が迷惑する」と云ふので大に迷つた。

（五）家族の意見

妻と長男は、此の前知事選挙の時も御拒りしたし又御拒りするのも同情者の皆様に相済まぬから成敗を別にして立つたらよいと云ふ。二男はセブ島で戦病死。三男は「御父さんは御金がない。従つて他人様に御迷惑をかけ家としても困ることになる懼がある。殊にかね〴〵参議〔院〕議員にはくだらぬ人が多いと云つて居られたではないか。そんなくだらない連中と互して何の名誉になるか。貴族院議員を終止符として晴耕雨読するのが賢明だ」と云ふ。長女は意見なし。三男の云ふことが我意を得て居たので有るが遂に立つことになつた。その間の事情を幣原衆議院議長に「薄志弱行の為め立候補することに定めました」と申上げたことがある。

（六）選挙資金

いよ〳〵立候補するとして選挙資金の目当が全然ない。立候補を勧めてくれた人々は、どうにかなると云つて大きく引受けてくれたが、而もいろ〳〵尽力してくれたが、結局どうにもならぬ。自分で企策《ママ》する外なかつた。任官以来永年人に物を頼んだことのない、又人から物を貰つたことのない私としては、選挙なれた人々に比し筆舌に表はし得ない苦労をしたのである。それでも某大先輩を始め多数の先輩同級生同郷人からの心尽しの御支援を戴き、辛じて選挙費用を賄つたが、結局自分としては多少の借金が残つた。特に一筆記しておかなければならぬことは多数の同村の人々、同郷の人々、隣郡の人々が少量の米や味噌《ママ》 持ち寄つて事務所へ届けて下さつたことで、其の親切な気持には深く敬意を表する。

(七) 政　党

議会生活三十年の間常に中正公平議会の地位の向上の為めに努めて来た私としては、其の党が入れてくれるか否かは別問題として、何れの党へ入つても良心に疚ましい処はなかつた。先づ緑風会を考へるのが《ママ》 議院の性格に鑑み当然ではあろうが、宗教とか、何会社とか、何組合とか、何会とか、何公団とか云ふ信仰又は利益を中心とした組織を持つて居らないので、他を考えるの外なかつた。社会党は嘗て私が勅選せられた時、時の内閣書記官長次田大三郎氏から入党を勧告され、政治的エチケツトに従い勿論自分もその積りになつたが、書記官長を暫く兼ねることになつたので見送つて居る中に憲法改正になつたのである。その他何れの党派へも連絡はとれたであらうが、幣原内閣の時貴族院議員に勅選され、吉田内閣の時親任官の待遇を賜つたのであるから、この両先輩から御声掛りがあればそれに従うのが当然と考えて居た。処が、幣原議長は「未だ入党して居なかったのか」と云われるし、吉田首相は「私の方へ来て下さい」と云われるし、古島先生も固り同意見で居られたので、自由党へ入れて貰うことにした。

(八) セオドール・ルーズベルト

セオドール・ルーズベルトが政治に志した当時、米国には共和党と民主党とがあつた。共和党は保守党で確乎たる勢力を持つて居り民主党は急進党で未だ其の勢力は微々たるものであつた。ルーズベルトの思想の傾向は寧ろ民主党的のものであつたが、志を伸べる為めに止むを得ず共和党に入り、ニウヨーク州の州会議員となつたのが始めで次いで同州の知事、遂に大統領になつたのである。自由党入りについてはルーズベルトの例に倣つたのだろうと云ふ人もあるが、ルーズベルトは年若く闘志旺盛で　《ママ》は年とつて闘志は乏しいから御安心を願う。

「敗戦記」（中）

（九）支部長の意向

何と云っても背後に組織や利益団体をもたぬ者にとつては地方区の方が有利であるので植原支部長に地方区を希望する旨を話したが「全国区なら賛成だ」と云われる。他に持ち駒があつたのであろう。入党する以上は本部とか支部長とかの意見を尊重するのは当然だと考えたので一応全国区から出ることに決めた。

（十）其の後の変化

その後長野県区から社会党の棚〔橋〕小虎君、民主党の木下陽康君が出馬することに決つたので、自由党は長野県区で全滅する虞ありと皆考えるようになり、私を長野県区へ廻そうと云う動きが本部の意向として活発になつて来た。しかし植原支部長は現議員優先主義を主張し池田宇右衛門君を支持して頑として譲らない。小坂善太郎君の予算委員長当選を植原氏が喜ばなかつたとか何とか云う派生的な問題も加つて、事態は次第に紛糾して、二人区から三人の公認候補を立て天下の物笑いとなり、池田君の当選となつたのである。増田建設相、小坂君は党を離れて党友として、長野県区から出ることを勧めてくれたが、当選のために朝に入党し、夕に離党すると云うことは私の良心が許さぬので、その親切なる勧告に添うことが出来なかつた。勿論之は先輩の意向も聴いたのである。

（一一）現議員優先主義

嘗て政友会と憲政会が対峙し政党政治華かなりし頃、所謂「不当の解散」を受けた野党が党の主張に殉じた前代議士に酬ゆるに再選を以ってすると云うのが現議員優先主義である。満期改選の際には適用されない主義だ。殊に参議院の如き解散のない所で、現議員優先主義が行われることになると知的に良心的に肉体的に現議員より優秀な新人も当選しにくくなり、国会の発達のため日本民族の発展のため害あつて益ないことになる。

（一二）立候補の届出

劈頭に届出れば有利だと云うので友人の中に非常に骨折つてくれた人があつたが、人を遣つて模様を見させた所が、二三日も前から泊り込みで届出の開始を待つて居ると云ふ奇特な候補者もあつたので止めた。全国選挙管理委員会でも候補者の順位を抽籤で決める説も出たが行われなかつたそうである。如何なる場合にも正しい説とか主張とか云うものは行われ難いものである。東京都選挙管理委員会は抽籤で候補者の順位を決めたので、二三日も前から泊り込むような馬鹿気たことはなかつたそうである。

（一三）選挙事務所

四日に立候補の届出を了し、直ちに長野へ帰り事務所を開く予定であつたが、久しく遇わなかつた友人が六日に沖縄から帰つて来ると云うので出発を二日延ばし、六日夜、鶴見の其の宅に招かれ心からなる前祝を受け、上野迄友人自らの運転で送つて貰い帰宅した。事務所は大門の白本屋と云う旅館である。

倉石忠雄君が前回選挙に当選した目出度い家だと云うので友人達が選定してくれたのである。処が事務室が三階の奥と云うので私は何となく気が進まなかつたが、友人達の好意に従うことにした。私は党の公認候補と云う以上は、自由党支部の援助を百パーセント受け得るものと考え他県の人々などに聞いて見ても其の通りだと云うので安心して居たが、長野県支部の特殊の事情により、なか〳〵支部として動いてくれぬ。而も各地区の支部へ渡りをつけなければならない。林副総理が応援に来て下さつた時演説会場の準備すらしてなかつた処もあつた。小林は新参党員であつても、党の副総理に対する関係からも、演説会場の準備位はしてあつて然る可きだと考えたのは身勝手な考えであつたか。

（一四）雑軍

官僚出の私に手兵の有りようがない。支部の動いてくれる《ママ》手を袖にして居ることも出来ないので、事務所の看板を立て、支部の正規軍が動くようになつたならばそれに委せて雑軍は退いて正規軍の手の足りぬ処を手伝う考えで居た。党がある以上当然のことだと考えて居た。従つて私の事務所では宣伝企画等は行わないことにして居たが、何時になつても支部が動いてくれないので、自然それ迄しなければならないことになり、後になつて支部所属の人々が他の資格に於て仂いてくれるようになつてから、対人関係から却つて非常な困難を味うことになつた。上小地区中信地区では特に困つた。小林の陣営は素人許りで何も出来ないと云う風評は以上のような事情から立つたのである。

（一五）全国区と決定

四日に全国区から立候補の届出をしたが、其の後党の最高方針で長野県区に切りかえると云う話なので、中にも某君の如きは近く朗報が行くと思うと云つてくれたので、ポスターも葉書も印刷が出来ない。

演説にしても事前運動的のものしか出来ないので待ち切れなくなつて、十四日の朝東京の増田建設相へ電話すると、昨夜長野県区から三人立てることになり、自分は種々の関係で二十七日頃迄は長野県へ行けぬから、四区の方は自分の方の青山や降旗君の某と相談して自力でやつてくれとの話。

事茲に至る。少い雑軍を携げ各選挙区の督軍諸君に頼み、兎も角も一通りの陣容を整え二十日上京、本部で益谷総務会長佐藤幹事長に面会して、倉石君が宮本候補のためにやられることは御自由だが、自ら事務長となつて大仕掛な運動をされることは長野県の全国区は小林と云う党本部の方針にも反することだから止めるようにして貰いたいと申入れたが、佐藤幹事長には「小林は長野県ですらも宮本よりも弱い」と云う宣伝が入つて居たために聞き入れて貰えなかつた。之では当選は余程むずかしいと覚悟したが、此の際止めることは必死になつて仂いてくれて居る同志に対し済まないし、反対派の宣伝に乗ぜられることにもなるので大に奮闘することに決心した。

「敗戦記」（下）

（十六）乱　戦

長野県を主たる地盤として立候補した者は地方区の棚橋（社）木下（民）中島（民）池田（自）渡辺（自）藤岡（自）古村（地方政党）の七君は別として全国区から私の外に野溝（社）上条（社）菊川（社）高倉（共）黒田（無）溝口（緑）下条（緑）宮本（自）井尻（自）小松（自）の十君に及び、社会党は挙党一致全国区と地方区のコンビを固くして戦つたが、自由党は遺憾乍ら支部長と副支部長との間に意見の一致を欠き、田中幹事長は病気引篭りのため党として行動がとれず目茶苦茶な戦を始めた。小坂派の諸君と行く時には「長野県区は渡辺候補に願います」と云つてくれと云うから其の通りにすると、直ぐ田中派から「池田候補に」と云つてくれと云う横槍が出る。其処へ又植原氏は藤岡君とトラックで「藤岡と共に死ぬ」云つて来る。私は三人の自党候補等と適当にタイアップする程選挙慣れて居らない。「長野県区は自由党の公認候補に投票を願います」と云ふ外なかつた。渡辺派にしても、池田派にしても、藤岡派にしても其の名前を私から云わない以上「全国区は小林」とも云い憎くなるのは当然のことだ。さればこそ池田派の如き、更科では宮本派と組み、渡辺派の如き東筑では宮本派と組んだのである。斯う乱軍になると、日本全国から長野県を草刈場と心得てどつと押し寄せて来て乱戦に一層の拍車をかけることになつた。

（十七）警察官の事務長

戸別訪問は法律の許す選挙運動である。某氏を訪うた処が「あなたの事務長は警察官出身だそうですね」とのこと。「全国は大村さんで、長野に関する限りは黒沢代議士です」と云うと、「事実上の事務長は警察官出身だそうですね」と云う。「何か悪いことがありましたか」と反問すると「自分で自分の取締をして居るそうですね」とのこと。「私は常に法規違反をして迄当選しようとは思わぬ。之は私が大正十五年普選法施行以来、日本国民に説いて来た処であるから厳守して貰い度いと云つて居るので、私の指示に従つて行動して居るのでしよう」と云うと、「候補者としてはそれでよいでしようが、事務長以下がそれでは当選は覚束ないでしよう」と云われた。そんなものかと思つて他の選挙に老練な某氏に聞いて見ると、選挙違反をせずに当選しようと云うのは心得ちがいだと云われた。現在の日本は、私が選挙に立つには不適当な日本であることを痛感した。

（十八）落　選

斯くて三日運動を終り、四日朝長野県発帰京した。私には当落の見当が全く付かなかつた。後で聞いた話だが、某君の如きは三日の晩、落選と云う見当をつけて居て呉れたそうである。五日、六日の新聞で当確と報ぜられたり当選と報ぜられたりしたが、結局一一五四七票で落選と決定した。落選の原因中、外的原因は以上述べた処で御想像できると思うが内的原因は、私は選挙は人生の一部であつて全部ではない。即ちスポーツであつて戦争ではない。従つて人間として恥しいようなことをして―例えば嘘を云つたり、ハッタリをかけたり、法規を無視したりして迄当選する必要はないと考えて居たことが主なものであろう。増田建設相などは落選後会つた際に「今ならどんなことを云つてもよいが、選挙の際にあんなことをはつきり云うから困る。精々七八万票しか取れまいと思つて居た、あれだけ取れるなら、もう少し援助すればよかつた」と云つて笑つて居た。然らば次回選挙にはこの誤謬を清算するかと云われれば「なか〳〵」と申す外はない。何れにしても、私の不徳の致す処に帰するのであつて、真剣に戦つて下さつた同志諸君（御目にかからなかつた方々も多い）に対しては、何とかして御詫びしなければならないと思つて居る。

（十九）惜しい人々

全国区の選挙の結果を数字的に見ると、自由党が八百三十万票で一八人、社会党が四百八十万票で十五人、緑風会が三百六十万票で六人、民主党が百三十万票で〇、共産党が百三十万票で二人、農協が二十三万票で一人、労農が二十万票で一人、無所属が七百六十万票で一二人、其他と云うことになつた。自由党員として考えれば、仮りに各道都府県から一人宛公認候補を立て、其の地方区の候補者とタイアツプすることにしたならば、全国区で四十六人は取れない迄も、三十五人位は確実にとれたと思う。社会党は此の度の戦は上手に戦つた。当選した人の中にはつまらない人もあるが、大体に於て全国区地方区を通じて前回選挙の当選者よりも質がよくなつたことは万人の認むる処である。政治的訓練を積めば立派な議員になつて日本再建に役立たれることと思う。しかしながら落選者の中にも八木［秀次］氏（前東京工業大学長）松村真一郎氏（前貴族院議員）中野重治氏（前衆議院議員）下条康麿氏（前貴族院議員）其の他多数の有為な人がある。捲土重来を祈るものである。中野氏としては宗旨違いの私から兎や角云われるのは御迷惑であろうが、議員としては最も立派な議員の一人であつたことは事務局の具眼の士の悉く認めた処である。

（二〇）選挙法改正

私共が参議院を造る際に、二院制の本義に考えコンザ《ママ》バチーブのものにする考であつたが、種々の事情で思う通りにならず、現在の如き組織になつたのであるが、保守政党の考え方に変化の起らざる限り、参議院は益々ラジカルのものとなる傾向があるが、之は別として、立派な議員を出すと云う点から考えて現行選挙法には幾多の欠点がある。其の主なものを掲げて見ると、

（一）全国区と地方区の投票日を別にするか、又は双方の投票を通算すること。

（二）両区を通じ候補者のフール《ママ》ネームを記載してある投票のみを有効投票とすること。アイデンチファイできるものと云うことでは非常な幸不幸を生ずることになる。

（三）事前運動に関する制限を止めること。

（四）選挙運動に費用の制限を止めること。自由党では千万円位費つたものが沢山あると世間で云う、選挙費用にも限界がある。

（五）ポスターの数の制限を止めること。検印を偽造して沢山のポスターを貼つたものは当選したそうだ。

(六) 葉書は全国区は十万位に増加し「選挙はがき」を造ること。某氏は三百万枚使ったそうだ。之も選挙はがきと云うゴム印を偽造したのだそうだ。

要するに形式犯を罰することや、費用の制限は良心ある候補者を苦しめるのみで、法律に違反して恬として恥じない候補者を取締る所以でないことを確言し、国民諸君が民主々義政治を了解し、金、金、金と云う考を捨て立派な代表者を出して日本の再建に寄与されることを御願いする。(了)

出典:『愛国戦線』五一号(一九六〇年)

六、その他

1 「政治をよくするために」

政治をよくするために

元貴族院・参議院事務総長・弁護士　小林次郎

一 この頃良識ある人達は寄ると触わると、日本の現状はこの儘でよいのか。之では困る。何とかしなければならないと云い合つて居る。併し之と云う名案もなくて苦悩して居る。

二 結局選挙に不当の多額の選挙費用を費して当選を得ようとする人が増加し、今春の参議院選挙には某党の年少の候補者の如きは一二億の金を費して当選をかち得たと云われて居る。

三 斯ういう人が増えると多額の選挙費用の用意の出来ない真面目な人は議席を得ることが出来なくな

り、国会は法規を無視して不当の選挙費用を費う低級な人達に占拠されることになる。

四　更に困つたことには、之等の低級の人達は当選を得るだけで満足して居てくれればよいが、議員たる地位を利用して費つた選挙費用を、在任中に取り返そうとして、平気で汚職をする。

五　この為めに、国民の政府、国会に対する不信感が生れ、学問の勉強が使命である学徒が徒党を組んで国会へ侵入しても、それを非難すると同時に、政府の要人がヴエトナム賠償で不当の利益を行〔得ヵ編者注〕ようとして居るからそれを阻止しようとした学徒の行為にも一片の同情に価する点もあるなどと云う人も出てる。

六　総ての日本の政治の貧困の原因は腐敗選挙にあるから、幾分でも腐敗の程度を低減するため選挙法を改正しようという考が出てくる。

七　政府も最近選挙制度調査会の委員を整備し、自治庁でも参考案を調査会に提出したようである。その案を見ると尤もと思われることもあるがどうかと思われる点もある。

八　選挙法を改正して厳正公平な費用のかかわらない選挙を行わう《ママ》と云うことは、大正十五年普通選挙法が施行されて以来、度々、企てられたが、法律は変つても、実際の選挙はだん〳〵悪くなる許りであつた。

九　ここで、日本人は議会政治に不適当な人種ではないかと云う疑問が生じて来る。日本人は昔から強い者には不当の敬意を表すると同時に弱い者に対しては不当に威張る事大思想の国民であつた。マツカサー元帥も離日に当りこう云う意味の言葉を残して行つた。

一〇　遠い昔のことは暫く措き、明治憲法が施行せられてからも、大臣や政府の機関の要位にある者は非常に尊敬され、大臣や政府の機関の要位に就いた者も、自分が偉い者であるかの如き錯覚を起して一般国民に対し威張つて居た。大臣などは国の枢機に参する重要な位置であるが、その位置に就く人が皆偉い訳ではない。国の為めになる人が偉いのである。其の後、自治制が発達し又産業組合などが発達するに連れてその理事者になる者は自分が偉い者の様に考え出した。

一一　一部の人達が無謀に起した大東亜戦争に破れ《ママ》、憲法が改正され、国会が国権の最高機関となると、国会議員自らが四百六十七分の一の天皇であり、二百五十分の一の天皇であるかの如き錯覚を起して、国会議員は偉い者でその欲する処は何をやつてもよいのだと思つて居る者もあると云われて居る。内閣総理大臣にはこう云う国会議員を成る可く多数を集め得るボスが成るのである。

一二　国会許りでなく、地方議会の議員も、大小の差はあれ、一廉の大人物であるかの如く思い込んで居る者もあるようだ。

一三　こう云う国民であるから議会制度もやめ、選挙も止めようと云うのは少し早過ぎる。議会政治発祥の地である英国でも〔約〕百年前には非常に選挙が腐敗して居たが、国民の弛まざる努力によつて、今日の如き政治道徳の発達した国になり選挙の腐敗行為などは薬にしたくてもない様になり、第一買収でもしようものならその人は永久に社会的生命を失つてしまうそうである。

一四　日本も国民の努力によつては相当年月を経れば政治道徳が確立され、腐敗選挙の行われなくなる日も来ることは疑いない。

一五　しかし、日本人は又一面性急な国民である。百年河清を待つなどと云うことは到底出来ない。国民性を全然無視して政治を行うことは出来ない。そこで不満足ながら、選挙法その他の法規の改正によつて幾分でも腐敗選挙の行われることを防止するよりほか方法があるまい。

一六　選挙法の改正については自治庁の参考案の外、次の様な諸点を考慮する必要があると思う。

（1）衆議院議員の小選区制、〔参議院（全国区ノミヲトル）〕比例代表制を採用すること。

（2）連座規定を強化すること。〔二五一条の二〕

(3) 選挙権停止を総ての選挙犯罪に付することにすること。即ち二百五十二条三項を削除すること。

(4) 現職議員及び退職後一年を経ない者の立候補を禁止すること。

(5) 次官局長などの職を退いた後一年を経ない者の立候補を禁止すること。

〔○〕(6) 選挙用はがきには候補者の住所氏名を印刷し、お年玉はがきのように通し番号を打っておくこと。

(7) ポスターの枚数超過を罰する規定を削除すること。立証に困難であるからである。

(8) ポスターは公営の掲示場以外に掲示した者を罰すること。但し掲示場は相当多数設けること。

(9) 当選者の繰上補充は、その選挙に当選した議員の在任期間中とすること。〔(九七条)(一四九条)〕

(10) マイナスの投票制を採用すること。之に依つて金力だけによつて当選しようとする未経験の青年や汚職の前科者の得票を減少させることが出来る。

(11) 泡沫候補者の立候補を防ぐことを急ぐのあまり不健全な政党の横暴を将来〔招来ヵ〕しないようにすること。

〔○補充に関する■断は組織法で定める〕

一七　選挙法には関係ないが、新憲法の下で各種の行政委員会や各種審議会などが出来て、政党のボスが自分の派閥の強化を計るために、自分の子分をその委員に入れることが盛んになつて来た。元来議員は国会で発言の機会があるのみでなく、議員が委員を兼ねることによつて委員会、審議会の議事の進行を妨げることもある――嘗てある委員会で某党所属の議員である委員が党の態度が定まらないからと言つて賛否を留保したために、その委員会の決論を出すことが後れた事がある――から、議員は国会外の委員会、審議会の委員になれないようにすることがよいと思う。

一八　なほ細いことであるが、五千円札が発行された後に行われた衆議院議員選挙の費用は倍になつたと云うこともあるから、選挙法の改正許りでなく、百般の事情を考慮して、腐敗選挙の防止を考えなければならない。

一八《ママ》　更に進んで考えれば、困難なことではあるが、憲法を改正して抜本塞源の策を講ずることが必要である。予て考えている点を二三を云えば左の通りである。

（1）国会が国権の最高機関であることを止め、立法、司法、行政の三権を真に対等のものとし、第一、三権の間に争のある時の調整権は、天皇の大権とすること。

（2）内閣総理大臣は国会議員以外の者からも国会で指名することが出来るようにすること。

［○］（3）ドゴール憲法二十三条のように、国会議員が国務大臣（総理大臣を除く）になれば議員たる地位を失うことにすること。

（4）国会の国政調査権を止めること。

（5）国の事業を最大限度に地方自治体に移譲し税制を改革し地方財政の国に依存する程度を少くして国会議員の負担を軽減すること。〔国と地方公共団体との英米的関係を明確にする規定を設け〕

（6）国会議員を裁判官を裁判する弾劾裁判所の裁判員にすることを止めること。

一九　こう云う主張は主権在民の趣旨に反して居り明治憲法に帰ろうとする封建思想であると非難する人もあろう。しかし主権は日本国民にあり、国民は国会を通じて主権を行使すると云うことは、どんなことでも凡て国会の権能としてやれと云うことではない［。］教育は大切だからと云つて国会が教育事業を受持つとか、又米作は大切だからと云つて国会が米作を受持つと云うことはナンセンスなことである。国家の諸機関の組織や権限を国会が定めればよいのであり、ヒツトラー氏やムツソリニー氏や二木三介によつて定めさせてはならないと云う意味である［。］

二〇　又国会が国権の最高機関だと云うことも、「だから国会は謙虚な気持ちで公平無私に国のことを大所高所から判断すべきものだ」と云う国会行動の最高指導方針を定めたものであるが、それを了解して居ない議員のあることも先に述べた通りである。司法権も行政権も国会に従属するものだと云うような誤解を生ずるような規定を削ることは何分の一かの天皇になるためにはいくら選挙費用を費つてもよいと云う考をチエツクすることが出来るだろう。

二一　国会はいろ〳〵の細い他の機関の権限を侵害する虞のあるような仕事を振り払つて立法に専念し、他の機関に対しては国会本来の権限である「質問」と「予算審議」を充分に活用して国のためになるようにしたいものである。

二二　一個人の利益や、その家の家の子、郎党だけの利益やその派閥だけの利益や、その党派だけの利益や、その階級だけの利益を計ることとは、人間として恥ず可きことだと思う。

二三　以上述べた処は多数の議員諸君多数の国民諸君の賛成を得ることは至難であろう。議員諸氏、国民諸君が賛成して憲法を改正し選挙法その他を改正するようならば、敢て改正する必要はない。改正する意味の解らない人が多いので改正を必要とするのである。

註（第九代貴族院書記官長、貴族院議員、初代参議院事務総長たりし人）

〔欄外書込〕

〔マクミラン一九六二年末才費ノ引上ヲ拒絶ス〕

〔プレジデンシヤルシステム（米）〕

〔パーラメンタリーシステム（英）〕

〔モーゲンソウプラン　１９４３年８月ケベック会議デ採用サレル　日、独ヲ近代以前ノ中世紀的ナ農業国、原料生産国ニ退歩セシメントスルモノ〕

〔50's roliay〕
〔政治献金の廃止〕
〔経済再建懇話会〕

2「強者に媚びる国民性」

出典：『思想研究』二三号（一九六一年）

強者に媚びる国民性　—大東亜戦争の始つた朝に想う—

昭和十六年十二月八日の寒い朝六時〔ノ十五分前〕に、東条首相から態夫（文書を届ける使い）があって、六時二十分に、隣の大木書記官長と一緒に総理官邸の日本間の方へ来て貰いたいとのことであった。

約束の時間に行き、官邸の玄関を入ると、丁度東条夫人がつき当りの二階へ通ずる階段を昇って行かれた。それが今でも眼前に彷彿と浮んでくる。

玄関の左側の小さな応接間へ通されると、大きな丸卓子の向って左側に、東条首相が既に席に着いて居られた。私はその右側に大木君は私の右側に着席した。そして、東条首相から

「うまくいったから臨時議会を開く準備をして貰いたい」

と、いわれた

やがて、星野内閣書記官長と森山法制局長官とが別室から来て、五人で戦捷を祝って乾杯をした。そ

のとき、私は、困ったことになったと心の中で思った。

その日帰宅した時の私の顔色はまっ青であったと、戦後ある機会に、家人が私に話した。

それから、私は同志と共に、なるべく早く、国力に余裕のある間に戦争を終局したいと思って努力をした（これは私一人の考えではなく貴族院の良識ある人々の総意であった）が、微力、事志と違い、遂に無条件降伏に追い込まれ、憲法の改正により、大日本帝国は滅亡してしまったのである。

由来、日本人の中には、「長い者にはまかれろと」いう考えの徹底している傾きがある。占領軍司令官のマッカーサー元帥も、離日に当り、「日本人は勝者に媚びる国民である」と指摘した。これが、大東亜戦争を起し完敗した所以である。

今や、国民主権という声に眩惑され、国民と離れた国会独裁の為め、民族として亡びる道を歩んでいることに気が付かずに居る人の多いのは、痛心に堪えないところである。

国民各位の奮起を促して止まない次第である。


（筆者は、元貴族院書記官長）

出典：『思想研究』二七（一九六二年）

3 「賈似道の話」

賈似道の話

小林次郎（元・貴族院書記官長、参議院事務総長）

〔一、この話は近頃あまり繰りかへさないことにしているが先日親類の新井さんを訪問した際に口をすべらした処が、何かかく材料にするから書いてくれといはれ乞はれる儘に恥を無にし老のくりことをくりかえすことにする〕

〔二〕昭和二十年四月七日、鈴木内閣が成立し、その披露と戦況報告のため、六月五日、貴族院の正副議長、各派交渉委員が首相官邸に招待された。〔私も貴族院書記官長として席末を汚した。〕鈴木総理の挨拶があり、〔続いて〕徳川〔圀〕順議長から謝辞が述べられた。その謝辞は極めて意味深長なものであった。

徳川議長の挨拶は、

「鈴木総理が老軀を提げて、この国歩艱難の際に、大政燮理の任に当られることに対し深甚の敬意を表する。殊に、承るところによれば、鈴木総理はかねてから「賈似道」の覆轍を踏むことを恐れておられたとのことである。どうかその心を心とせられ、戦争最終の内閣たるの御決意をもって、しっかりやって頂きたい。われわれ貴族院は、出来るだけ御援助申上げる考えである。ここに杯を挙げて御寵招に対し御礼を申上げ、併せて老総理の御健康を祝したいと思います。」というのであった。

〔レ〕　その席には、阿南陸相はじめ武藤章中将も佐藤〔賢了大佐〕もいたのである。私は、その挨拶をききながら総理の方を〔見つめて居〕ると、総理は頭を大きく縦にふって肯いておられ〔た〕ので、議長の挨拶の意味が、総理に通じ〔たな〕と思った。その意味とは、

〔三〕少数の功を急ぐ軍人により企画せられ、それに便乗した一部の官僚、議会人、財界人等によって推進された大東亜戦争の形勢は、次第に不利になっているのに、飽くまで戦争を〔止〕めようとしないのを見て、真の愛国者〔たち〕は、国力に余裕のある間に講和をしなければ、わが大日本帝国は亡び

る、早くなんとかしなければいけないと腐心したが、結局、天皇陛下の御裁断を仰ぐ外途がない。陛下に申し上げるのには、当時非職ではあったが、陛下の御信任の厚〔かった〕鈴木貫太郎大将を煩わす以外にないと考え、鈴木さんの隣家に住んでい〔た〕関係で〔鈴木さんの御宅と〕親戚つきあいをしていた薬師寺主計〔に依頼し同氏に同行して頂いて〕、同志の一人次田大三郎氏（後に幣原内閣の国務大臣）が、十九年五月二十五日鈴木邸を訪い、右の趣意を話して協力を依頼した。そのとき、鈴木氏は傍にあった十八史略を叩いて「木戸や東条は賈似道の様な奴だ」と云って共感の意を表せられた。しかし、それを〔聞〕いたわれわれは、お恥しいことに、賈似道とはどんな人物か知らなかったので、十八史略を探して読み、漸く〔巻末に〕近いところでその名を発見した。

三、〔それによると、〕南宋が、〔北から元に〕攻められて南へ南へと逃げたときのことである。度宗皇帝のもとで権勢を〔専ら〕にしていた宰相が、賈似道であった。あるとき皇帝が賈似道に、「襄陽は三年も包囲されているそうだが、どうするつもりかとたづね〔られ〕た。それに対し、賈似道は、「北兵はすでに退却しました。陛下はそんなことを誰からお聞きになりましたか」と答へ、皇帝は、「たまたま女官の一人から聞いた」といわれた。

そこで賈似道は、その女官を探し当てて詰問し、他の事にかこつけてその罪を誣い、自害を申しつけたので、爾来、辺防のことについて、皇帝にお話し〔する〕ものがなくなり、南〔宋〕は〔遂に〕亡びてしまったと書いてあった。

四、二十年四月、鈴木大将が終戦のために総理になられた。即ち、賈似道と同じ職に就かれたけれども、周囲の人々は、皆軍に迎合して、一億総蹶起だとか、焦土作戦だとか、から元気のよいことを云って、戦争を〔止〕めようという発言をする人がなく、困っておられたらしい。

五、そういう事情にあったとき、徳川議長にお願いして、〔右〕のような挨拶をしていただいたのである。その結果、もしそのことが、わかれば、憲兵隊へ連行されることや、その後どうなるか位のことは覚悟のうえのことであったので、万一の場合を慮って、常に指導をお願いしている方々、特に拷問に堪えられないような老〔齢〕の方々にはご相談〔することを避けた。〕しかし、当時の貴族院の良識ある人々の考えは、徳川議長の述べられたところと全く一致していたと信じている。

〔六、その後、亡くなった松平康昌さんやまだ元気なK・M・T・等の諸君から今日は総理は弱い（戦争継続）とか強い（戦争ヲヤメル）とかと云う連絡がありある日総理は今日は弱くて困ると云う連絡があって議長に総理官邸のての濠ノ中個人として首相ヲ訪イ総理を鞭撻して頂いたこともあった。〕

4 「生存者叙勲に思う」

出典：『思想研究』五一（一九六四年）

（1） 本年五月初め行われた生存者叙勲は、原則として戦後上澄層に居た高齢者で勲功のあった人々に対して行われたもので、一二三の例外を除いては、概して妥当なものであると云われて居る。

（2） それにしても思い出すことがある。

（3） 大東亜戦争に完敗し、占領軍司令官マツカーサー元帥により、憲法の改正が強制せられ、天皇陛下は日本国の象徴、国民統合の象徴と〔な〕られ、憲法第九十八条により、憲法の条規に反する法律、命令は勿論教育勅語の処を詔勅までも、その効力を失うことにされたのである。

（4） 教育勅語は、明治維新以来、急激に西欧文明が我が国に輸入せられたため、我が国古来の精神文明が力を失って、古来の倫理道徳が廃れるおそれがあるのを憂えられて、明治天皇が、明治二十三年十月三十日に下されたもので、日本国民の日常服膺すべき徳目が、明細に懇切に示されて居り、今日に於いても、この勅語の御趣旨は、日本国民にとってのみならず、世界各国の何れの国民にとっても、均しくその政治形態の如何に関係なく、日常実践躬行する道徳の規範たるべき価値のあるものであると思われる。

（5）マッカーサー元帥は日本を弱体化するためには、教育勅語等の存在は障碍になるので、昭和二十二年三月三十一日、新憲法の施行に先だち、教育基本法の制定を強要し、国民教育の根本理念を変更したのである。独逸が断乎としてアメリカの強要を拒否したのと対比して、感慨無量のものがある。マッツ〔カ、編者補足〕ーサー元帥が離日に当り「日本国民は勝者に眉びる国民である」と云ったのもの宜なるかなである。

（6）マッカーサー元帥は、教育勅語等の失効を以って満足せず、更に追討をかけて昭和二十三年六月、第二国会が開かれるや、衆参両院に対して、教育勅語等の無効を確認する決議をすることを強要して来た。

（7）そこで、衆議院は、昭和二十三年六月十九日、「教育勅語等排除に関する決議案」（松本淳君外三十四名発議）を全会一致で可決した。

（8）参議院では、当時議会の精神、運営に習熟した元の貴族院議員が相当数入って居たので、不要の決議であると云う考の人々が大多数であったが、司令部の要請を拒み切れず、二十三年六月十五日「教育勅語等の失効確認に関する決議案」（田中耕太郎君外二十五名発議）を提出し、委員会審査を省略し同日可決した。

（9）その日、〔発議者を代表して〕文教委員長の田中耕太郎君が登壇して「われわれは、教育勅語を以て我が国教育の唯一の〔淵〕源とする我が国及び我が民族を中心とする教育の理念を、徹底的に払拭し、真理と平和とを希求する人間を育成する民主々義的教育理念を以って、国民教育の根本理念とするために先きに教育基本法を制定し、教育勅語、軍人に賜りたる勅諭、戊申詔書、青少年に賜はりたる勅語等の諸勅語を無効のものであるとすることを決めたに拘らず、我が国民の中には、これ等の勅語はまだ有効だと思っている人も多いので、此の際、われ〳〵は之等の勅語が、既に効力を失って反故になって居る事実を明確にすると共に、諸勅語の謄本をもれなく回収させ、式日にも読ませないようにして、全国民が一致して教育基本法の明示する新教育理念の普及徹底に努力を致すべきことを期するために、この決議をするのである」旨の〔趣旨説明〕を終って降壇した。

（10）松平恒雄議長は「只今の〔発議者〕の報告に同意の諸君の起立を願います」「全会一致と認めます」と宣言する予定で、議長の覚書を書いて上げて置いた。

（11）議長が「起立を願います」と宣告したところが、事務総長席から見て斜め左の方の議長席の真下の最前列に、一人起立しない人があった。私は近視眼であるために、机の上に身を乗り出して、その人が居眠をしているのではないかと確かめた。

（12）すると、その人は目をパチパチして、眠って居るのではないと云うことを示してくれたので、早速議長の覚書を取り戻して「過半数と認めます」と宣告するように書き直して上げた。一人の反対があっても、賛成は過半数と云うのが議院の慣例である。

（13）この議員は、小杉イネ子女史であった。この婦人議員のお蔭で参議院は、延いては、日本の国会が、全会一致で教育勅語の無効を議決せずに済んだのである。

（14）今度の生存者叙勲に、破格な取扱いで、年令七十三才の田中耕太郎氏が勲一等旭日大綬章を頂いたとすれば、小杉イネ子女史が、御健在ならば、相当の宝冠章を贈って然る可きものだと考えるのは、旧套を墨守する私だけの考えであろうか。

（初代参議院事務総長）

書簡

◎小林次郎宛

伊沢多喜男書簡

1　大正6年1月15日

前略　農商務省に於て或ハ採用之事と可相成かと存候。可成速ニ宮内秘書官ニハ為含置相成度候　早々

壱月十五日　　伊沢

小林次郎殿

（封筒表）本郷区森川町一番地梅檀寮　小林次郎殿　親展

（封筒裏）市外本所巣鴨村宮仲　伊沢多喜男

2　大正6年12月1日

拝誦　宿屋気ニ入らざる由昼夜県庁ニ勤務せば可ならんか。生ハ往昔約三十日間隔離病舎ニ寝泊して赤痢視察をなしたること有之候。万事閣下其他親切なる由結構に候。県庁内ハ一家の如し其心得者誠心を尽すこと肝要ニ存候。金弐拾円御返送相成り正ニ受取候。先右ノミ　草々

十一月末日　　伊沢

小林賢台　座下

（封筒表）沖縄県庁　小林次郎殿　親展

（封筒裏）東京巣鴨　伊沢多喜男

3　大正7年8月28日

先電唯今到着拝誦致候。今回ハ沖縄県警察御栄進千万芽出度奉賀候。畢竟貴下精励之結果に存候得共上班の推挽大ニ与て力ありと存候。将来格勤知遇之酬昼夜の努力相成度切望存候。

予て御話致したる通り少くとも両三年ハ沖縄ニ勤続し指定理事官までには進まれ度其後之事ハ又其時々考ふる方可然と存し候。御祝詞旁右ノミ　草々

八月二十八日　　伊沢

小林賢台　座下

（封筒表）沖縄県庁　小林次郎殿　親展

（封筒裏）東京巣鴨宮仲　伊沢多喜男

4　大正8年4月30日

拝誦　鈴木、堀口両氏之馘首ハ気毒千万に有之、政党之悪弊を遺憾なく発露せるものに候。

御身上之件委細承知。直々内務省之或書記官等に依頼致置候間其中には何とか可相成と存候。貴下よりの夫レ〳〵適当之場処へ依頼相成候方可然と存候。小阪氏なども宣布からんと存候。

先右ノミ　草々
四月末日　　　　伊沢
小林殿
（封筒表）沖縄県那覇警察署　小林次郎殿　親展
（封筒裏）東京巣鴨宮仲　伊沢多喜男

5　大正8年5月12日

前略　台湾総督府に高等官之需要あり。適当之者推薦方同府祕書官より依頼ありたり。任用之箇処ハ数百ありて其何処ニ定まるや未定なれども兎ニ角台湾之官員たる希望あらば至急履歴書送付相成度候。
同祕書官ハ小生別懇之者ニ付相当之優遇ハなすべしと相信し居候。
右ノミ　草々
五月十二日　　　　伊沢
小林賢台　座下
（封筒表）沖縄県那覇警察署　小林次郎殿　親展
（封筒裏）東京巣鴨宮仲　伊沢多喜男

6　大正8年6月15日

披見致候　先便ニよれば君にも余程注文あるやに存候間台湾と直接ニ交渉する方可然と存じ候。石井祕書官宛右様申遣はし置き候旨申居候。石井より何とか申来候。中々と存候間宜敷御感謝相成度候。
先ハ回答ノミ　草々
六月十五日　　　　伊沢
小林君　座下
内地も相当之場所ハ無きにあらず。要之時之問題ならん。黒糖難有存候。
（封筒表）沖縄県那覇警察署官中　小林次郎殿　親展
（封筒裏）東京巣鴨宮仲　伊沢多喜男

7　大正8年10月11日

拝誦　郡長候補者云々御申越之処別に心当無之湯本は昨年実業界に転し度との切望ニ付内田信也ニ頼み同氏勢力下の横浜内田造船所ニ入所為致候。
御回答ノミ　草々
十月十一日　　　　伊沢
小林君　座下
（封筒表）沖縄県庁　小林次郎殿　親展
（封筒裏）東京市外　西巣鴨町宮仲　伊沢多喜男

8　大正8年11月11日

電報披見致候

郡馬県警視ニ転任其後栄進せしむべしとのことの趣候処大芝氏の下ニ警視たることは余程考へものなるべく又其後栄進せしむべしとの条件の如きも不安ト云へバ不安と存し候。其よりも今暫く現地位ニ留まり適当之時機に於て内地ニ転ずるを可とせずや。郡長若ハ警視等ならば他ニも相当沢山あるべく気長ニ構へ候事肝要と存候。シカシ強てと言ふにあらず。沖縄留任を不可とする重大の理由あらば転任固より不可なしと存候

—・—

堀口氏之件電報承り書面にて御返報相成り。事情大ニ分明ニ相成り難有存候。堀口氏も毫も希望する訳には無之、満場可致等にて大ニ厚遇する場合には其好意ニ酬ゆる為メ随伴的に就職すべしとの考に過きす候。御多少にても面白からぬ事情あれば応諾せざるハ勿論に候。進退其他十分身重相成度切望致候。草々

十一月十一日　　伊沢

小林君　座下

（封筒表）沖縄県庁　小林次郎殿　親展

（封筒裏）東京巣鴨宮仲　伊沢多喜男

9　大正9年2月7日

前省　別紙紹介名刺持参河井書記官長ニ御面会相成度候。内務省其他之兼任ハ此際ハ六ヶ敷き模様なるも院内ニて書記官の兼任ハ出来候やに候。前途之事其内ニ付詳細御問合せ相成り後に至り不平後悔等無之様致度候。草々

二月七日　　伊沢

小林次郎殿　座右

（封筒表）下谷区三﨑南町七十一　菊間方　小林次郎殿　急親展

（封筒裏）市外巣鴨宮仲　伊沢多喜男

10　大正11年8月31日

拝誦　数事台湾に関スル書類送付被下たる趣の処未着に候。右御取調相頼度候。尚ホ未発送に候はゞ其侭御手許ニ御留置相頼度候。草々

八月三十一日　　伊沢多喜男

小林書記官殿

追テ先ヅ神田男井上子等の検閲を受けられ候はゞ小生には好都合なり、小生ハ一両日中ニ出発各地巡遊九月中旬ならでハ帰京不致候。

（封筒表）東京市貴族院　小林書記官殿　急親展

（封筒裏）長野県軽井沢五三三　伊沢多喜男

11　（大正）（12）年6月8日

小貫慶治君は二八会員ニアラザルコトヲ発見致候間御案内状発送方御中止被下度。既ニ発送済ならば其侭にて宜しく候得共名簿より御除き置き被下度候。鈴木英太郎君は昨秋死亡たるニ誤テ名簿ニ残留し居りたり。是レ又削除相願度候。草々

六月八日　　　　　　　多喜男

小林君

（封筒欠）年は貼り付けの前後の書簡から推定した。

12　大正12年6月15日

前略　二八会開催ニ付種々御尽力被下難有奉謝候。御新調被下たる二八会々員宿所（電話）録其他関係書類御送付被下度候。尚ホ右ニ関する御支払計算書も御送付被下度候。

六月十五日　　　　　　　伊沢

小林君　座下

（封筒表）貴族院事務局　小林次郎殿　親展

（封筒裏）市外巣鴨宮仲　伊沢多喜男

13　大正12年7月20日

拝啓

御病気之趣其後御容態如何。時節柄御摂養専一に存候。記念事業寄附人名及金額表ガリ版にて印刷方御依頼致置候処右ハ此際不要と相成候ニ付御見合被下度其中三井・岩崎其他確定ノ上にて又々相頼可申候。坂井徳太郎君を発起人ニ加へ度しとの説あり。次回会合之節提案等致度候間御含置被下度候。小生二十五六日頃より軽井沢佐々木別邸ニ避暑致候積なり。重ねて御静養も連なる御全快を祈り申候。草々

七月二十日　　　　　　　伊沢

小林賢台　座下

（封筒表）市外下落合一六三六　小林次郎様　親展

（封筒裏）市外西巣鴨宮仲　伊沢多喜男

14　（大正）（14）年12月12日

貴電拝誦

大城氏同成会入会発表差支ナキ趣委細了承。別紙之通り大城氏ニ発信致度候間一応御披見御一読之上封緘、宿所記入御送付被下度候。西久保氏ニ入会、公表之手続等委托致候間同氏より話有之候節入会届御引渡し被下度候。当用ノミ。草々

十二月十二日　　　　　　　多喜男

小林君　座下
（封筒表）小林次郎殿　親展
（封筒裏）伊沢多喜男
（備考）年は内容から推定。

15　大正14年12月11日

拝誦　御取上候件順調ニ相運ひ候趣結構ニ存候。次田君へは一電致置候。大城氏同成会入会候件種々御骨折の結果と深謝致候。別紙紹介者としテ記入ノ上御返送致候間適当之時期ニ至り西久保弘道氏ニハ手紙の上御発表被下度候。小生ハ来月二十日頃上京可致存候。貴酬旁々右ノミ。草々

十二月十一日　　多喜男

小林賢台　座下
（封筒表）東京市外田園都市洗足町東台　小林次郎殿　親展
（封筒裏）台北市文武町　伊沢多喜男

16　昭和3年11月17日

拝啓　鈴木仁より別紙之通申来候ニ付兼テ御依頼致候儀ハ一応取消申候。御了承被下度候。草々

十一月十七日　　伊沢

小林君　座右
（封筒表）東京市外洗足東台　小林次郎殿　親展
（封筒裏）京都市塔之西桜木町大平方　伊沢多喜男

井上匡四郎書簡

1　年不明9月27日

拝啓過日無事御帰朝被成態々御訪問に預り恐縮に存候。旅行中ハ万事に付て御世話に預り厚謝之至りに存候。本院議長閣下への贈呈品到着之由了承仕候。近日拝見に罷出申べく候。尚代金六十円四十五銭也。封入申出候間可然御取計可下願上候。匆々頓首

九月廿七日　　井上匡四郎

小林賢台
　侍史
（封筒表）貴族院　小林次郎様　親展
（封筒裏）東京市外下大崎八三番地　井上匡四郎

内山田三郎書簡

1　（昭和）（2）年4月23日

拝啓時下益々御壮栄為邦家奉賀候。扨今回ハ突如之政変にて迂生等呆然タルモノ有之候。元ヨリ当県ハ中央政界

トハ其ノ趣ヲ異ニスル次第ニ有之候ヘ共硬派組も之ヨリ横行スルナラムト被考候。最近財界ノ混乱ニテ県政情も政機未ダ動カザル次弟ニ有之候。其後辻本君之身上ニ関シテモ種々御配慮誠ニ御厚情ノ程私事ノ様ニ恩謝仕居候。同君モ種々ノ関係上再任六ヶ敷哉ト心配仕居候。内務省之普選講習会ニハ森根君及中村警部上京いたサセ置候。自然御面会ニ御伺致スナラムト存候。生来の筆無精頓ト御無沙汰御申訳ケ無之候。先ハ御伺旁々如此ニ御座候。敬具

四月二十三日　　　　　　　　　　内山田生

小林賢台　御案下

一四七支店及勧銀支店昨日ト本日休業候ヘ共別ニ不穏の状ハ無之候。御承知ノ通り砂糖ノ最盛期ニテ此方面ニハ甚大ノ打撃に有之候。

（封筒表）貴族院　小林次郎様　親展

（封筒裏）沖縄県庁　内山田三郎

（備考）年は消印から推定。

江木千之書簡

1　大正10年10月25日

貴書拝啓時下秋冷之候。益々御勇健之段奉賀候。すハ花房氏を以御依頼申上候書冊拝借之義早速御手引被下小包便を以御送付ニ預り万謝不堪候。御来示に随ひ緩々閲読可仕候。不取敢御礼迄。如斯御座候。匆々不悉

大正十年十月廿五日　　　　　　　江木千之

小林次郎様

近日小生ニ於ては一二ヶ所閲読候ハヽ宜しく候ニ付用済次第還上可仕候間御含置被下候。

（封筒表）麹町区内幸町貴族院　小林次郎殿　恵展

（封筒裏）東京牛込区余丁町三十五番地　江木千之

小川平吉書簡

1　（昭和）（10）年10月25日

（本文）

拝啓　過日ハ長途御旅行御無事御帰朝被遊候段奉欣賀候。此程ハ態々御来訪之上御土産御贈与被下御芳志千万難有奉謝候。不取敢御書中御礼申上度如此御座候。草々頓首

十月廿五日　　　　　　　　　　　小川平吉

小林次郎様

（封筒表）貴族院事務局　小林次郎様

（封筒裏）廿五日　東京日比谷公園前　小川平吉

（備考）年は消印から推定。

大庭二郎書簡

1 （昭和）（12）年月不明26日

拝啓　昨夜は御寵招を蒙り御高話拝承之機会を得て難有奉謝候。西尾子爵始御一同様へ乍恐縮尊台より可然御礼御伝声奉希候。先は為其如斯御座候。時下御自愛専一奉存候。拝具

二十六日　　大庭二郎

小林書記官様　侍史

（封筒表）市内麹町区貴族院　小林書記官様

（封筒裏）四谷北伊賀町　大庭二郎

（備考）年は消印から推定。

岡崎邦輔書簡

1 （昭和）（9）年10月7日

拝啓過般大阪風害之節貴院議員拾円ツヽ集め被下候旨御通知有之候処、折柄病苦ニ悩ミ居全く取紛れ不相済事ニ候。漸く軽快有之此地ニ転地療養閑暇只今思ひ出候故不取敢さし出し可然くとりはからひ被下候ハヽ、幸甚ニ御座候。草々頓首

十月七日　　岡崎邦輔

貴族院庶務課御中

拝答延引之段返す〳〵も遺憾ニ候。

（封筒表）貴族院事務局庶務課長殿　親展

（封筒裏）相州湯河原温泉　中西旅館　電話　長五番　五二番　一一九番　年十月七日　岡崎邦輔

（備考）年は消印から推定。

片岡直温書簡

1 年不明5月4日

拝啓愈御多祥奉賀候。陳者御高話拝承旁疎餐差上申度来ル十日午後六時頃ヨリ築地三丁目新喜楽へ御枉駕被下度御案内申上候。乍恐縮諾否封中之端書ヲ以テ御一報被下候願上候。敬具

五月四日　　片岡直温

小林次郎殿

（封筒表）東京府荏原郡荏原小山四九五　小林次郎殿

（封筒裏）五月四日　東京市牛込区早稲田南町四六　片岡直温

唐沢俊樹書簡

1 （昭和）（7）年1月29日

謹啓　過日地方長官会議にて上京の節ハ種々御世話様ニ相成り又御多用中御招きニ与り誠ニ有難不取敢書中御礼申上候。当地改戦やや活気づき一、二区共相当激戦を予想いたされ候。地方長官として高地の見物ハ恐らく小生位かと存じ候。何か口実をつけて御来遊待上候。草々不一

一月廿九日　唐沢拝

小林学兄　御侍史

（封筒表）東京市貴族院事務局　小林次郎様

（封筒裏）和歌山市二番町　唐沢俊樹　一月廿九日

（備考）年は消印から推定。

川崎末五郎書簡

1 （昭和）（7）年1月25日

拝啓　愈御清祥之段奉慶賀候。陳者貴族院本会議ニ於ける柳沢伯の質問及これに対する犬養中橋荒木各相の答弁及井上氏の質問及之ニ対する高橋蔵相の答弁の速記録二部控特ニ御恵送被下御礼申上候　敬具

一月二十五日　川崎生

小林学兄

（本文）麹町区内幸町貴族院　小林次郎殿　急親展

（封筒裏）東京市小石川区林町一八　川崎末五郎

（備考）年は消印から推定。

齋藤　樹書簡

1 （昭和）（7）年2月29日

拝啓　愈々御清祥奉賀候。総選挙も終了ホットすべき筈なるも地辷り一件にて今に寧日無之成る程地方稼ハ辛きものと痛感罷在候。

扨て二月十日附御照会の奥田氏身許調の儀、多忙に紛れ遅延仕候。大体に於て申分なき様存ぜられ候も不取敢直近日ある駐在巡査の報告書御送り申上候間御披見被下度。もし又他に調査の必要も有之候ハヾ拝承可仕御遠慮なく御申聞け被下候。

何れ上京拝眉の機を得て万々可申也。要用のみ右迄申上候。拝具

二月廿九日　斎藤樹

小林次郎様　御侍史

乍末御令室様へよろしく御鳳声被下度荊妻よりの申出有之候。

（封筒表）東京市外荏原町小山四九五　小林次郎様　侍史
（封筒裏）二月廿九日　奈良市　斎藤樹
（備考）年は消印から推定。

田子一民書簡

1　年不明2月5日

拝呈　過般は早速名簿拝受本日は又泥濘を踏みて御来駕を拝し且又珍菓御恵投いたゞき恐縮の至りに御座候。不取敢御礼申上候。拝具

二月五日　一民

小林賢台

（封筒表）貴族院事務局　小林次郎様　平安
（封筒裏）東京市外上大崎三八二　田子一民

高橋雄豺書簡

1　昭和（4）年3月29日

拝復　益々清祥大賀至極ニ奉存候。陳者予算書ニつき御厄介相願候処御要用中ニも不拘御心に懸けられ御恵送被下誠ニ難有奉万謝候。本年の議会ハ貴族院一院のやうな有様にて態かし御心配の御事と拝察致候。壱日己々悠々一度御出可被下如何にや。久能山下の苺見物一興ニ有之候。

右御礼迄　敬白

廿九日　雄生拝

小林老兄　侍史

（封筒表）貴族院事務局　小林次郎様
（封筒裏）静岡市追手町　高橋雄豺　三月廿九日
（備考）年は消印から推定。

塚本清治書簡

1　（大正）（12）年9月24日

拝啓　時下愈々御清穆の段奉賀候。陳者今回の震災に際しては特別の御厚情を寄せられ種々御配慮下され候段深く感謝奉り候。御蔭様にて家族一同無事避難罷在候処乍他事御放念被下度。乍略儀御礼申述度如斯御座候。敬具

九月二十四日　塚本清治

小林次郎様

（封筒表）貴族院事務局　小林書記官殿
（封筒裏）東京市外石塚町宮田　塚本清治
（備考）年は消印から推定。

2　年不明5月22日

拝啓　愈々御清祥奉慶賀候。陳ハ今朝電話にて勝手なる事御依頼申上げ恐縮千万ニ奉存候。別包予て拝借の速記録三冊、使の者ニ為持御届申上候間御査収被成下度候。そして小生第四控室なる文書函の書類を使者持参の布呂敷にて持帰り候やう御渡願度奉希候。先ハ右御依頼而巳。匆々頓首

五月廿二日　　　　清治

小林賢兄　玉机下

（備考）封筒欠。

床次竹次郎書簡

1　（大正）（15）年（4）月（26）日

拝啓　益御清昌奉賀上候。偖て大浦氏伝記忝なく拝見可仕候。

右御礼申上度。如此ニ御座候。早々敬具

床次竹二郎

大浦記念事業会御中

（封筒表）市外西巣鴨町宮仲二五一七　大浦氏記念事業会御中

（封筒裏）東京市麻布区三河台町十四番地　床次竹二郎

（備考）年月日は消印から推定。

中松真卿書簡

1　（昭和）（10）年2月13日

謹啓　日々御多用と存上候。偖過日御厄介願出候六中金子氏の件其後本人に聞合はせ申候処或団体の仕事とするといふは恐らく大阪府にて実行せる如く一つの教護聯盟を組織し府知事を会長とし市長、警視総監を顧問とし各中学校長を理事とし其下に主事を置き事実上の仕事を担任せしめんとするものならん。而して府に於て真に熱心に此事を実行する意あるに於ては自分も精神をこめて従事してもよろしく待遇等の問題は後に自分を候補者とせられし時の問題とし先つ斯る候補者あり已に六中の校長よりも府の学務当局には内々話しある由なるか適任ならんと存する故篤と候補者銓衡の際考慮せられ度旨を警保局長閣下ならば誠に勿体なき程なるか一言御申入れ置き願ふといふ話に御座候。

恐入候へ共別紙略歴認め置候。御暇を見て御話し賜り候ハヽ、幸甚之に過きす候。面晤申上候へき筈御書中不取敢右申入候。宜敷御願申上候。草々

三月十三日　　　　中松拝

小林大兄　侍史
（封筒表）貴族院事務局庶務課長　小林書記官殿　親展（印）
（封筒裏）特許局　中松真卿　十年二月十三日
（備考）封筒裏の「十年」は鉛筆での書き込み。

長谷川久一書簡

1 （昭和）（7）年7月30日

拝呈　炎暑之候　益々御清康奉大賀■慶候。御無音に打過何共申訳無之御海容被下度候。過般は遠方態々御来駕被下洵に難有右承■庵被下御礼奉申上候。生憎留守にて何共遺憾の至り有之右御詫申上候。本廿一日子供の海水浴の為当地に罷越候処海岸■■中々の暑気にて難凌覚候。併し浜辺へ参れば涼風有之。帰るを忘候位。何卒御序の節は御立寄被下度奉伝言候。乍延引御厚礼旁御報知迄。如斯御座候。拝具

七月卅日　長谷川久一

小林学兄　侍史

（封筒表）東京市外荏原町小山四九五　小林次郎様　恵展
（封筒裏）相州葉山堀ノ内　浅田別荘方　長谷川久一　七月卅日
（備考）年は消印から推定。

福邑正樹書簡

1 大正10年2月9日

拝啓　益御清滴之段奉慶賀候。陳者本県ニ於テハ来ル十六日頃臨時県会開会の見込ニ有之右ニ関スル速記者ヲ物色致候へ共他ニ適当ノ者無之ニ付多年本県々会ニ関係致居り候貴課勤務者岡村金太郎氏ヲ招聘致度。議会開会中ノ折柄定メシ御手問の義ト被存候へ共事情御了察の上往復日数ヲ通シ十日間の見込ヲ以テ右招聘の義特別の御詮義相蒙り度。右迄得貴意候。匆々敬具

大正十年二月九日

高知県地方課長　福邑正樹

貴族院速記課長　小林次郎殿　侍史

（封筒表）貴族院速記課長　小林次郎殿　書留至急
（封筒裏）高知県地方課長　福邑正樹

松井春生書簡

1 （昭和）（2）年7月30日

拝啓炎暑之砌益々御清祥之段慶賀此事ニ存候。陳ハ当局

事務上之参考ニ供シ度候間貴局御保管図書中ニ別記図書有之候ハヽ便宜御貸与相願度此段御依頼申上候。草々敬具

七月三十日　資源局　松井春生

貴族院事務局　小林次郎様　御侍史

（封筒表）貴族院事務局　小林次郎殿　親展
（封筒裏）資源局　松井春生
（備考）年は消印から推定。

松本幹一郎書簡

1　（大正）（7）年9月5日

拝啓　残暑尚厳敷候処愈御清祥御勤励之趣奉大賀候。陳ハ今般警視に任せられ候由、貴下実力之正に認められ候事と存じ此異特の御昇進に対し深厚なる祝意を表し申上候と同時に小生曩日貴下に対し進言致候事の誤らさりしを念ひ頗る快気ニ不堪申し候。尚此上にも御努力将来之御進境期待罷在候。時下折角御自愛奉祈候。早々不一

九月五日　松本幹一郎

小林次郎様　貴下

（封筒表）沖縄県庁地方課　小林次郎様　御直
（封筒裏）東京麻布関町一七五　松本幹一郎　九月五日
（備考）年は消印から推定。

松本烝治書簡

1　（大正）（6）年2月14日

拝啓　陳者紹介状封入承知候間御査収被下度候。尚同状中にて行政官試補六かしくて司法官の方にても不苦一向ら朝鮮仕官御志望の旨書誌置候間左様御了承被下度候。匆々

二月十四日夜　松本烝治

小林様

（封筒表）本郷区森川町一ノ二三四栴檀寮　小林次郎様　親展
（封筒裏）東京府荏原郡大井町二九五六　松本烝治　昭和九年二月十日任商工大臣
（備考）年は消印から推定。封筒裏の「昭和九年二月十日任商工大臣」は後年の書き込み。

丸山鶴吉書簡

1　年月不明23日

拝啓　先日ハ小生講演筆記御遣ハし被下実ハ早速閲覧致

方筈ニ候処旅行中ニて延引なから本日訂正之上書留小包ニて御回送申上候条御査収被成下度。印刷出来上り候上ハ乍恐依先般書記官長之御内証も有之候条三十部許り御恵贈煩度願上候。先ハ貴意得度。如此ニ御座候。頓首

二十三日

丸山生

小林雅台　玉几下

（封筒表）市内丸ノ内貴族院速記課　小林次郎殿　親展

（封筒裏）中渋谷大和田五五三　丸山鶴吉

村上恭一書簡

1　昭和10年5月3日

拝啓　唯今電話にて申上候もの何等御参考之ためニ免ニ角も御手許へ御回付申上候。敬具

昭和十年五月初三

村上恭一

小林学兄坐下

（封筒表）貴族院事務局　小林書記官殿　坐下

（封筒裏）枢密院事務所　村上恭一　十月五日

（備考）封筒裏の「十年五日」は鉛筆での書き込み。

山岡万之助書簡

1　年月不明7日

口上

別紙官報不足分御手数なから御取寄被下度願入候。先日も御面倒相懸難有存候。

七日

山岡万之助

小林書記官殿

（封筒表）貴族院内　小林書記官殿　親展

（封筒裏）山岡万之助

除野康雄書簡

1　（昭和）（6）年12月9日

拝呈　寒気相加申候処愈御清安大慶奉存候。平素御無音ニ相過き汗顔奉存候。只今新聞上拝見候へハ此度庶務課長も御兼務被為遊候事ニ相成候趣誠に御目出度奉祝上候。然も開会も近く唯々御多忙の御事と奉察候。小生儀も以御蔭益々元気ニ目下開会中の県会ニ日日精励致居候間乍憚御安神被成下度。本夕夕刊にて尊名を拝見して御祝ひ旁々平素御無音御詫申上候。向寒時下切ニ御身御大事奉祷候。早々敬具

極月九月夕十日朝投

除野

小林学兄

二伸　瀬古兄にハ委員長御拝命の趣別に愚翰呈上不致。御序よろしく御伝音奉願上候。

（封筒表）東京市貴族院書記官　小林次郎兄

（封筒裏）大津市東城官舎　除野康雄

（備考）年は内容から推定。

横山助成書簡

1　年月不明28日

謹啓仕候。帰京中の処意外ニ永びき五六日前ニ帰京致候。御配慮ニ預り候赤倉温泉ノ事御蔭様にて事情判り本日出発十日程滞在ノ見込ニ御座候。出発前拝顔御礼申上候。又色々御伺申上度存候処此頃の暑さて全然当てられ呆けの態にて逃ケ出し候事ニ御座候。来月六日頃にハ用事あり帰京ノ筈ニ御座候間其節御伺可申上候。早々敬具

廿八日朝六時　　横山助成

小林老台　侍史

（封筒表）麹町区貴族院事務局　小林次郎様　親展

（封筒裏）小石川区大原町一九　横山助成

吉野信次書簡

1　年不明12月13日（No.10-14）

御帰朝の段お喜び申上候。実ハ先般長君より大兄帰朝早々風を引きお引篭り中と承り一度お見舞申上置と存じつゝ多忙ニ取り紛れ失礼仕り候。然るに過日ハ業々御来訪下されお土産迄賜ハリ有り難くお礼申上候。実ハ度度電話をかけても丁度折悪しく大兄を捕ふること能ハず不取敢手紙にてお礼迄。

十二月十三日　　吉野

小林仁兄

何れその内一夕久し振りにて大兄のその、、、、方の途ニ於ける技術の進歩拝見致度。

（封筒表）府下荏原町小山四三五　小林次郎様

（封筒裏）十二月十三日　小石川区かご町一五八　吉野信次

◎小林頼利宛

松本忠雄書簡

1　（大正）（10）年2月25日

拝啓時下益々御清穆奉賀候。陳者目下新聞紙上等に宮中関係の某重大事件と称せられ居候儀ニ就いては皇室並に

国家の為定めし御憂慮被遊候儀にも可有之且又事情不明の結果種々流言行はれ居候様子に付御参考迄に大略の事情申上候。尤も右ハ貴下を御信頼申上極めて内密に御報申上候次第につき右御含み願上候。

皇太子殿下には一昨年中に久邇宮良子女王殿下と御婚約整はれ其旨御公表相成りたり。同女王殿下の御母君は島津公爵家の出なるが昨年夏頃に至り島津家の系統には色盲の遺伝ありとの事を伝ふるものあり。田中陸相此事を聞き事態重大となし之を山県公に伝へ山県公は皇室に色盲の遺伝を入るゝは恐れ多しとて之れを変更せんと欲せしも既に御内定の上なれば尋常の手段にてはなすべからざるより久邇宮家よりして拜辞せしめば最も可なりとなし中村宮相をして此事を同宮家に伝へしめたり。然るに久邇宮殿下は一旦決定せるものなれば拜辞するが如き事は出来難しと拒絶せられたり。茲に於て山県公は如何にかして其目的を達せんとし又久邇宮は一旦決定せる処を維持せんとしたるが此間東宮御用掛杉浦重剛氏は斯くの如く一度決定せるものを変更するは世道人心に害ありとて山県公の計画に反対し事件の内容を一部の同志に漏して輿論を起し自らは其職を辞して自説を固持せり。斯かる中に民論の興起あり。宮中にも種々の議あり。遂に御婚約は変更無き事に決し過般其旨発表せられたり。而して宮内大臣は山県公の言により御婚約御変更の事を取計はんとし又山県公は斯かる事を提議して紛議を招きたるより各責を引いて辞職する事となれるなり。

右は所謂今回の某重大事件の大体の成行にて最早事件も終着し我皇室は益々御安泰に被為渉候に付幸に御安心被下度。先は右御内報迄。匆々謹具

二月十五日　　松本忠雄

小林頼利殿

（封筒表）長野県上水内郡高岡村　小林頼利殿　親展

（封筒裏）東京市麴町区下六番町十六番地　松本忠雄　電話長九段一、一五六番

（備考）年は消印と内容から推定。本文は活字で欄外に「秘」の印あり。

2　（大正）（11）年5月9日

拜啓時下益御清穆賀上候。陳者御上京中の由ニて態々御来示ニ接し恐縮ニ存候。近日中ニ小生より相談申上度存居候。加登方ニ御序も御座候はゞ御立寄被下度。午前中ハ大抵在宅ニ有之バ先者返事方。匆々頓首

五月九日　　松本忠雄

小林老台　侍史

御令息よりは此程漢口より御便り有り候無恙御旅行中の御様子大慶に御座候。
(封筒表) 市外落合村下落合一、六三六　小林頼利様
(封筒裏) 五月九日　東京市麹町区下六番町十六番地　松本忠雄　電話長九段一、一五六番
(備考) 年は消印から推定。

3　(大正)(11)年12月18日

拝啓　時下益御清康賀上候。陳者過日ハ態々御来駕仰き候処不在ニて何共申訳無之候。信州方面ハ降雪頻之寒気厳しき様子折角御自愛祈上候。粗品小包ニ附し候間貴着御笑留被下度候。匆々

十二月十八日　松本生

小林老台　侍史
(封筒表) 長野県上水内郡高岡村　小林頼利様
(封筒裏) 東京市麹町区下六番町十六番地　松本忠雄　電話長九段一、一五六番
(備考) 年は消印から推定。

4　(大正)(12)年7月25日

拝啓時下暑熱の折柄益御多祥奉欽賀候。陳者貴村伊藤利惣治氏県会議員ニ立候補の模様ありとかに申すもの有之候が真否如何ニ候也。御垂示ヲ得度候。右御伺ひ申上候憲政派のものニて同氏を推し立てゝハ如何と申来りしもの二三有之候次第先ハ右御願ひ度候。匆々頓首

七月念五　松本生

小林老台　侍史
(封筒表) 長野県上水内郡高岡村　小林頼利様
(封筒裏) 東京麹町区下六番町十六　松本忠雄　七月二十五日
(備考) 年は消印から推定。

5　(大正)(12)年7月31日

拝啓　暑中御変りも無之由大慶に存候。御問合申上候件ニ付委曲の御垂示ニ接し何共厚く奉謝候。来月ハ帰郡可仕ニ付広く各位ニ御面接の上諸事画策の積何卒よろしく御援助願上候。上水時報社鬼無里支局御親敷の風間氏方に御願申す事と相成候由御序の折よろしく願上候。先ハ右御礼旁申上度。匆々頓首

七月三十一日　松本生

小林頼利様
(封筒表) 長野県上水内郡高岡村　小林頼利様
(封筒裏) 東京麹町区六番町十六　松本忠雄　七月三十一日
(備考) 年は消印から推定。

6 （大正）（12）年8月12日

拝啓　時下益御清康賀上申候。陳者小生儀昨日来長、本日北小川へ帰省、十六日ニ鬼無里へ出で、十七日戸隠ヲ出で十八日ニ戸隠より野尻の方へ廻り一泊仕度考へ居候。御多用中御迷惑ながら十八日午後か晩、柏原又ハ野尻に於て柏原、信の尻の重立者と拝光出来候様御垂配願はれ間敷候や。小生より御招き申上候にてよろしく、人数も多からんよりも二三にてもよろしく候へバ打とけて談笑候様望み居候。若し小生へ御申聞の事御座はゞ北小川の方にては間に合ひ申す間敷ニ付戸隠村渡辺一意氏方小生宛ニて願上候。其之前文申上候事叶はず候とも尊台ニハ是非拝光願度十八日柏原まで御運び願度候。柏原にて小生は中村嘉ヱ門氏方へハ立寄り候御心組ニ御座候。先ハ右御願まで。匆々

八月十二日

松本生

小林老台　侍史

（封筒表）上水内郡高岡村　小林頼利様　急

（封筒裏）長野市上水時報社方　松本忠雄　八月十二日　野尻より牟礼一辺り居寓

（備考）年は消印から推定。

7 （大正）（12）年8月22日

拝啓　時下益御清康賀上候。陳者此程ハ態々柏原迄御出張煩はし且種々御垂配ニ預り何共辱く御厚礼申上候。御芳情は全く御礼の申上様も無き次第候、昨朝無恙帰京候ニ付乍他事御放念賜り度。先ハ不取敢右御礼まで申上度。匆々頓首

八月二十二日

松本忠雄

小林老台　侍史

（封筒表）長野県上水内郡高岡村　小林頼利様

（封筒裏）東京市麹町区下六番町十六　松本忠雄

（備考）年は消印から推定。

8 （大正）（12）年10月6日

拝啓　時下益御清康賀上候、陳者過日ハ相沢君の為出格の御尽力煩はし御蔭を以て当選の栄を得幸慶此事ニ御座候。御芳情ニ対して相澤氏も非常ニ感激罷在候が小生よりも厚く御礼申上候。補欠選挙についての御高諭正ニ拝誦。小生も専ら熟慮を重ね居候が其内親しく拝光御高見をも伺ひ候上ニて決定仕度考居候。先ハ右御礼旁申上度。匆々頓首

十月六日

松本生

小林老台　侍史

（封筒表）長野県上水内郡高岡村　小林頼利様
（封筒裏）東京麹町区下六番町十六　松本忠雄　十月六日
（備考）年は消印から推定。

9　大正12年11月（11）日

拝啓　秋冷の候。益御清穆奉欽〔欣〕賀候。陳者此度之貴郡補欠選挙に際して八松本忠雄君の為終始不一方御垂配を蒙り難有奉謝候。今回は失敗に了り候とも爾後益其力を養はせ異日の大成を期せしめ度存念に付き何卒倍旧の御温情を垂られ候様願上候。先は右御礼旁御依頼迄申上度。匆々頓首

大正十二年十一月　　子爵　加藤高明

小林頼利殿

（封筒表）長野県上水内郡高岡村　小林頼利殿
（封筒裏）子爵　加藤高明

10　（大正）（12）年11月28日

拝復　時下益御清康賀上候。陳者此度の補欠選挙ニ付ては小生の為終始不一方御尽瘁被下難有謝上候。然るに小生不徳の致す処遂ニ敗衂ニ帰し御盛情ニ背き候段何共申訳無之候。右ニ付御懇篤なる貴電ニ接し誠ニ辱く爾今大ニ修養を積み捲土重来を期し度考へ居候。先ハ右御詫旁御礼まで申上度。匆々頓首。

十一月二八日　　松本生

小林老台　侍史

（封筒表）長野県上水内郡高岡村　小林頼利殿
（封筒裏）東京市麹町区下六番町十六　松本忠雄
（備考）年は消印から推定。

11　（大正）（13）年2月28日

拝復　時下益御清康賀上候。陳者小生去る二十三日朝帰長仕候処其前日時報社へ御尋ね被下候由承り残念ニ存候。今朝帰京御来示正ニ拝見御注意ノ段奉謝候。小生も帰郡大体御来諭の通の事情感得候次第ニ東京の用事一先づ片付き候はゞ重ねて帰郡夫々準備仕り度期居候。先ハ御礼旁申上度。匆々頓首

二月二十八日　　松本生

小林老台　侍史

（封筒表）長野県上水内郡高岡村　小林頼利殿
（封筒裏）東京麹町区下六番町十六　松本忠雄　二月二十八日
（備考）年は消印から推定。

12　昭和3年2月1日

拝啓　時下益御清康賀上候。陳者此度の総選挙ニ付小生も愈立候補の手続を了し馬を陣頭ニ進むる事ニ相成候ニついてハ何卒特ニ御同情御援助被下度御依頼申上候。匆々頓首

二月一日　　　　　松本忠雄

小林頼利様

（封筒表）上水内郡高岡村　小林頼利様

（封筒裏）長野市緑町犀曲時報社内　松本忠雄　電話一二五八番　昭和三年二月一日

13　昭和3年2月17日

拝啓　時下益御清康賀上候。陳者選挙の期日も漸く迫り来り小生も日夜一生懸命努力致し居候も何分微力且不徳の致す処頗る苦境ニ陥り困難仕居候。此上ハ只々御仁慈に訴へ御同情ニ御すがりして特ニ御援けを仰ぐ外無之。小生としても多年力を尽したる普選の最初の実施ノ甚大の恩顧を受けたる故加籐伯薨去後の第一回の選挙に無惨の失敗を見る様の事ありてハ全く泣くにも泣きされぬ次第ニ付何卒特に御垂憐御援け被下度候。親しく拝光の上御願申上候事許されず候ニ付忙中不文乱筆を顧みず自ら筆を採りて拝趨ニ代へて御依頼申上度。御如斯ニ御座候。頓首九拝

二月十七日　　　　　松本忠雄

丸山吉蔵様

小林頼利様

（封筒表）上水内郡高岡村　丸山吉蔵様

（封筒裏）長野市緑町犀曲時報社内　松本忠雄　電話一二五八番　昭和三年二月一七月

14　年不明2月16日

拝啓　時下益々御清栄の段奉賀上候。陳者今回の選挙は実に小生浮沈の分岐に有之候。就而は有力なる貴下の御同情に依り是非共当選の栄を得度候条絶大なる御尽力の程偏に御願ひ申上候。敬具

二月十六日　　　　　松本忠雄

小林頼利殿

（封筒表）上水内郡高岡村　小林頼利殿

（封筒裏）長野市権堂犀曲会館　松本忠雄　場所　電鉄権堂駅犀曲会館　電話　一二五八・一二九八番

15　年不明11月15日

拝啓　時下益御清康賀上候。陳者小生帰京後当面の要務も処理仕候ニ付来る十日過ニ帰郡御地方ニも伺出各位ニ拝光過般の御礼をも申上度期し居候。但し臨時議会も差

迫り其為緩々廻訪の暇も無之ニ付御地方同志各位ニ牟礼まで御出張を請ひ簡単なる茶話会ニても催し懇談を重ね度と存居候が貴兄如何に御座候や。乍序手数御内示被下度。尚小生拝趨の日時決定の上ハ改め御通知可申上候。先ハ右御依頼まで申上度。匆々

十一月十五日　　松本忠雄

丸山吉蔵様

小林頼利様

（備考）封筒欠。

16　年不明11月18日

拝啓　時下益御清穆奉賀候。陳者来二十七日ニハ何卒是非城山館へ御来会被下度偏ニ願上申候。尚かつて御垂示被下候各位中左の人々ニ案内状差出置候付御序の折御出席方御勧誘願上候。尚此外ニ御心付の人々ニ御座候はゞ御垂示願上申候。先ハ右御願上迄。匆々

十一月十八日　　松本生

小林老台侍史

富士里　竹内仁太郎　　高岡　丸山吉蔵

古間　関沢喜作

〃　山﨑茂助

三水　相沢信蔵

〃　深沢喜十郎

信の尻　北村一郎

富士里　竹内仁太郎

中郷　横山　亶

〃　町田七三郎

〃　近藤栄治

〃　松木啓作

（封筒表）長野県上水内郡高岡村　小林頼利殿

（封筒裏）十一月十八日　東京市麹町区下六番町十六番地

松本忠雄　電話　長九段一、一五六番

（備考）憲政会本部罫紙。消印は9、11、18

丸山吉蔵書簡

1　年不明11月19日

拝啓　別紙之通り松本様より書状に接し小生種々之竟見及茶話会に替成。日取ハ月末項ハ如何。尚日時決定之上ハ同志仝道牟礼迄出張等返事申上置候。貴殿よりも何等か御回答被下様願上候。匆々

十一月十九日　　丸山

小林頼利様

（封筒表）野村上　小林頼利様

（封筒裏）丸山吉蔵

清書簡

1　昭和3年2月15日

久敷御無沙汰仕り申訳無之候。御書状正ニ拝見仕り候。仰せの如く松本忠氏は今回は非常の不利の立場に相罷り折角高井下水方面へ地盤を拡張も甲斐なく有利の場所のみ小坂派に分割され今回の北信俣乗受の態度たるや癪にさわりて困り申し候。折柄小坂派山本派の侵入たるや中々優勢にて彼等の圧倒時ニ困却仕候。然して当地迄先方連は（松本は安全）の悪宣伝と小生の支局の信濃日日が松本の悪宣伝をなし尚又杉山君辺りは小坂の推薦広告を出す等にて小生の立場頗る不味く候。信日も旧憲政係の関係上約百以上も当地へ入り居り候。それが小坂付きの様に相成松本氏は新聞政策よりも敗け居り候。小生も本月は六七日は下長準備仕候。引続き役員会其他の策戦にて毎日忙殺され本十五日明十六日の両日法定運動員としてポスター張りにて本日は松焼きの十五日年取りも致さず昼食夕食は共に只今（午後八時）終りたる次第にて候。当方の予想は本部の要求は六〇％に候へ共、小坂山本のやり方にて中々苦戦にて候。先づは御父上殿より申される道もなし。今はノッピキならぬ立場上奮闘致す可く候間御安心被下候。終りに小供等は頗る丈夫に候内御安心下され度く候。選挙終り次第写真でも撮りて御送付仕申上ぐ可く候。

右にて候。

二月十五日夜　　清

父上様

（封筒表）上水内郡高岡村野村上　小林頼利殿　必親展

（封筒裏）長野県上水内郡鬼無里　風間商店　電略（カマ）又ハ（カ）　振替口座長野一一七一番　醸造部　木炭部　繭糸部　肥料部　大正　年　月　日　3.2.15

（備考）年は封筒裏の記載と本文内容から推定。

【解題】長野出身貴族院事務局官僚の足跡

今津　敏晃

本資料集は、最後の貴族院書記官長かつ最初の参議院事務総長を務めた小林次郎に関する資料を編纂したものであり、Ⅰ『国会生活の思い出』、Ⅱ　論文、Ⅲ　書簡　の三種類の内容から構成されている。以下、それぞれについて紹介していく*1。

Ⅰ『国会生活の思い出』

同書は小林が参議院を退職するタイミングでまとめたものであるが、その内容の多くは貴族院事務局、参議院事務局時代のエピソードが占めているが、沖縄の帰属に関する自説、母校の五十周年記念式への寄稿、国会議事堂案内も収録されている。

これらで言及された内容は既に別媒体で言及していた内容がまとめられたり、また、補充されるなどして、後に別の媒体で掲載されることもある。基本的な話の筋は変わらないので、小林にしてみれば依頼があったときの種本のようなものを作成した上での執筆だった可能性もある。

貴族院事務局時代のエピソードの多くは議事運営上のことがらや、貴族院議員をはじめとした人物にまつわるものが多い。いずれも小文ながらも必ずしも他の文献に登場しないエピソードもあり、身近に接した人間からの貴重な証言となっている。

対して、やや多くのページをさいて持論を展開したのが「沖縄帰属問題の史的考察」であった。小林は長野中学卒業後、鹿児島の第七高等学校に在学した上、内務省入省後の最初の赴任地が沖縄だったこともあり、沖縄に縁があると考えていたと思われる。また、同書刊行当時はアメリカ占領下にあったことも執筆を後押ししたのは間違いない。ただ、小林が「沖縄帰属問題の史的考察」の末尾でも言及しているように、琉球帰属問題とそれに先だつ台湾出兵に際しアメリカ人が日本に好意的な協力をしてくれたことを示し、近代日本がアメリカとは元来友好的な関係を築いてきたことを強調する点に力点があった。こうした点は、日米戦争や開戦を決意した軍部に対する他の個所での批判的言及なども通じるものである。また、それは同時に現にＧＨＱ占領下にある当時の日本に向けてそれを受容することを慫慂するものでもあった。

ただし、それは盲従を促すものでもなかった。続く長野中学の五十周年記念式典に寄せた文章では、軍国主義とは区別された愛国心に基づいて祖国を再建することを青少年に求めてもいる。

一方、今回底本としたものは表紙に「校正用」と記されているように小林自身が次の版なりの機会に修正したい内容の書き込みがなされている。多くは誤字、脱字の訂正の軽微な内容の補足だが、目次ページには本文内で言及の乏しい市制、市制町村制施行令の一部条文が書き込まれるなど、次の何かに向けての準備作業となっていた可能性がある。

なお、同時期の衆議院事務局については、衆議院事務局長を務めていた大木操が日記、回想録の刊行に加え、膨大な個人文書が国立国会図書館憲政資料室に寄贈され、公開され、研究者に利用されてきた。

また貴族院についても、小林の下で貴族院書記官を務め、小林の後任で参議院事務総長に就任した近藤英明の個人文書がやはり憲政資料室で公開されている。

これらに加え、尚友倶楽部所蔵の小林次郎資料を突き合わせて検討することで、戦時議会から国会開設直後にかけての時期の両院の動きを、議員個人活動だけでなく、事務局という官僚組織の面からも描くことができるだろう。

Ⅱ 論 文

本資料集では、小林が執筆した論文類について小林の履歴に即して配列した。これらを順に読み進めていくと、端々に、小林の思想形成の過程を見てとることもできて興味深い。

「中学卒業生諸君へ」では、長野という近代になってできた単位ゆえの、まとまりのなさを憂う一方、薩長藩閥らが国家の枢要を独占している状況に長野県人がいかに食い込むべきかを切実に訴えている。小林は貴族院、参議院の事務局時代に長野閥をつくろうとしていたと言われるが*2、その発想は早くも学生時代に育まれていたことがわかる。

「想い出」で、第七高等学校時代に維新の思想を感じるために散策を繰り返したといったようなところには、敗戦後に日本人として、国家としての独立を強く主張する姿を重ねることもできるだろう。

また、伊沢多喜男、河井弥八の両者は、本資料集所収の書簡からも判るとおり、小林の官僚としての履歴、政治的派閥、他者からの評価を強く規定した存在であるが、小林の側も両者を深く、強く信頼していたことが伺える。

一方、議員らの活動の一環ではあるが、比律賓協会の設立、運営にあたったことが知られるのも興味深い。貴族院がどの程度まで深くフィリピンにかかわっていたかはつまびらかにはしえなかったが、従来あまり指摘されてこなかったところだけに研究が進められるべきだと考える。

日本国憲法関係では、小林は「文民」という語の案出過程について、生き証人として寄稿を求められていたことが伺える。

「敗戦記」では、自身が出馬し落選した一九五〇年の参議院議員選挙の経緯が記されている。求められて出馬したものの、当初、当てにしていた政党側の援助が十分になされず、かといって小林自身も積極的に動いたりするわけでもない様子がうかがえる。なお、手段を選ばない他候補の活動などを見て、「現在の日本は、私が選挙に立つには不適当な日本であることを痛感した」小林だが、この後も二回出馬しており、何れも落選している。

落選を繰り返す中、小林はその後、憲法改正、政治改革に関心を寄せた。「政治をよくするために」「強者に媚びる国民性」などに見えるように、「国会独裁」の現状に対して強い危機感を覚えた小林は、「月曜会」「萍憲法研究会」で議論を重ね、憲法改正案を作成した。こちらについては赤坂幸一編集・校訂『初期日本国憲法改正論議資料　萍憲法研究会速記録（参議院所蔵）１９５３—５９』に詳しいので、そちらを参照されたい。

なお、所収論文のうち、森の男「見てくれ給へ」（一—1）、飯綱崎楼「中学卒業生諸君へ」（一）〜（四）（一—2）についてはいいづな歴史ふれあい館の小山丈夫氏よりご教示と資料の提供を受けた。この場を借りて御礼申し上げます。

本資料集に収録した書簡はいずれも、いいづな歴史ふれあい館所蔵「小林桂太家旧蔵資料」所収のものになる（小林桂太家は小林次郎の生家）。これらは「しのぶぐさ」（志のぶ草、偲草）や「志るべの巻」などの題名が付されて巻子に仕立てられている。この形に整理したのは題名の筆跡などから次郎の父の小林頼利と思われる。数が多い伊沢多喜男、松本忠雄については独立して一巻となり、そうではない差出人はまとめて一巻となっている。また、巻にはNo.も付され、No.7、No.8、No.9、No.10、No.13が確認される。欠落したNo.の部分については未詳であるが、本来は少なくとも現存の倍以上の量の書簡群だったと推測される。

内容面で見ると次の特徴を指摘できる。

伊沢多喜男からの書簡は小林次郎の経歴の変遷を順次たどっており興味深い。学生時代の小林を諭す内容、沖縄に赴任し不遇をかこつ小林に対して、現任地で頑張り「指定理事官」までは出世をせよと官僚の処世訓を垂れている。また、小林からの転任希望、他職への推薦要望はしばしばあった様子もうかがえる。最終的には貴族院書記官長だった河井弥八に話をつけて、面会にこぎ着けさせたようだ。貴族院書記官就任後には、伊沢が関わる憲政会系の二八会の会務運営の下働きや、同じく憲政会系会派の同成会へ入会手続きのようなこともさせられている。

一書記官である以前から目をかけられており、長期間にわたり伊沢に尽くしている様子がうかがい知れる。小林が貴族院書記官長に就任するにあたり、研究会から「小林というやつは伊沢多喜男の子分だ」「なにをするかわからんあんなものは書記官長にしない方がいいという意向が相当あったらしい」

というのもむべなるかなである（「小林次郎氏談」）。

ただ、研究会所属の松平頼寿議長がさほど気にしていないところからも伺えるように、ことさら民政党系といった活動をしていたわけではない可能性も高い。時代状況的にもそうした会派間対立で大騒ぎできる余裕が失われていったのも確かだろう。

他の書簡からは書籍の貸し出し（江木千之書簡、松井春生書簡）、速記録の提供（川崎末五郎書簡、塚本清治書簡）、災害への寄付金の取りまとめ（岡崎邦輔書簡）、県会への速記者の派遣（福村正樹書簡）など書記官としての公務の一端がうかがい知れるものも多い。

一方、興味深いものとしては小林次郎の父頼利宛に宛てた松本忠雄の書簡である。

松本忠雄は一八八七年（明治二〇）、長野県生まれのジャーナリスト、衆議院議員で、一九〇九年東亜同文書院卒業後、やまと新聞記者を務めていたが、憲政会総裁加藤高明に見出され、総裁秘書、また、加藤が首相を務めた護憲三派内閣では内閣総理大臣秘書官を務めた。その間、第一五回衆議院議員選挙で当選し、以後、衆議院議員となった。斎藤実内閣、岡田啓介内閣で外務参与官、第一次近衛文麿内閣では外務政務次官を務めたが、その間の筆写した政治、外交、条約等の重要文書が、戦後、遺族により外務省に寄贈され「松本記録」として公開されている。これらは「戦災等で消失した重要な記録文書を補填する上で貴重なもの」*3とされる。

このように従前は外交記録の面で注目されてきた松本だが、今回翻刻した書簡からは長野県下の憲政会系人脈にどのようにかかわったかが垣間見える。

宮中某重大事件についての経緯を内密に伝えたり（小林頼利宛松本忠雄書簡1）、来県して各地域の重要人物の元を回ったりするほか（小林頼利宛松本忠雄書簡6、15、16）、結果の県会議員選挙の情報について情報を求めたり（小林頼利宛松本忠雄書簡４）している。また、総選挙にあたって頼利に支援を促す様子もうかがえ（小林頼利宛松本忠雄書簡13、14）、頼利側もそれなりに重視される存在だったことが伺える。こうした松本忠雄を通した長野ネットワークはまだまだ明らかになっていないことが多いだけに今後の研究が待たれる。

最後になるが、本資料集所収のいいづな歴史ふれあい館所蔵の書簡の翻刻は、同館で進められていた翻刻作業の成果を引き継いだものである。作業を進めてこられた同館職員の方々および郷土史家で、いいづな歴史ふれあい館運営協力員として資料の整理、翻刻に取り組まれてきた戸田利房氏（二〇一六年逝去）に、この場を借りて改めて御礼を申し上げるとともに、御冥福を御祈り申し上げます。

＊１　小林次郎の履歴や関係資料については、尚友倶楽部・今津敏晃編『最後の貴族院書記官長　小林次郎日記』（芙蓉書房出版、二〇一六年）、今津敏晃「講演録　初代参議院事務総長—小林次郎—二つの憲法の間に立って—」（『飯綱町の歴史と文化』五、二〇一八年）、のほか、今津敏晃「小林次郎」（伊藤隆、季武嘉也編『近現代日本人物史料情報辞典』二、吉川弘文館、二〇〇五年）、今津敏晃「小林次郎」（「近現代史の人物史料情報」追加情報（『日本歴史』八六三、二〇二〇年）、「小林次郎関係文書」（国立国会図書館リサーチ・ナビ「憲政資料（憲政資料室）」、URL: https://ndlsearch.ndl.go.jp/rnavi/kensei/kobayashijirou、アクセス日：二〇二四年八月二〇日）も参照。

＊２　赤坂幸一編集・校訂『初期日本国憲法改正論議資料　萍憲法研究会速記録（参議院所蔵）１９５３—５９』（柏書房、二〇一四年）、二六六頁、注14。

＊３　外務省サイト内「外交史料館」、「戦前期「外務省記録」URL：https://www.mofa.go.jp/mofaj/annai/honsho/shiryo/shozo/senzen_1.html、アクセス日：二〇二四年七月八日。

収録文献の底本および所蔵機関一覧

■『国会生活の思い出』

小林次郎『国会生活の思い出』（松籟堂、一九五〇年）

国立国会図書館憲政資料室所蔵「小林次郎関係文書」（以下、「小林次郎関係文書」）三三一

■論稿類

Ⅰ　学生時代関係

1　森の男「見てくれ給へ」

長野県立長野中学校校友会雑誌部『校友会雑誌』第一四号（一九〇九年）／（一社）長野高等学校金鵄会（同窓会）

2　飯綱峙楼「中学卒業生諸君へ」（一）～（四）

『信濃毎日新聞』一九一三年三月八日、九日、一一日、一二日／信濃毎日新聞データベース

3　小林次郎「想い出」

第七高等学校造士館同窓会編刊『七高思出集』後篇（一九六三年）／国立国会図書館

Ⅱ　内務省時代関係

1　小林次郎「沖縄の特殊行政」

『地方行政』第二八巻第五号、一九二〇年五月一日／国立国会図書館

Ⅲ　貴族院時代関係

1　小林次郎「フィリッピン紀行」

『興亜』第三巻第八号、一九四二年／「小林次郎関係文書」一一

2　小林次郎「比律賓協会の出来るまで」
『比律賓情報』第六一号、一九四二年七月一日〈早瀬晋三編『比律賓情報　第一四巻』復刻版　龍溪書舍、二〇〇三年〉／国立国会図書館

3　小林次郎「水道によせて」
『東京朝日新聞』一九四五年七月二九日／「小林次郎関係文書」一二

4　小林次郎「伊沢先生の思出」
『信州の東京』第三六二号（一九五五年九月一日）／「小林次郎関係文書」二一

5　小林次郎「河井弥八先生」
『大霞』一二号（一九六一年）／「小林次郎関係文書」二五

6　「小林次郎氏談」
松平公益会編刊『松平頼寿伝』（一九六四年）／国立国会図書館

7　小林次郎「小原先生の国会答弁」
小原直回顧録編纂会編刊『小原直回顧録』（一九六六年）／国立国会図書館

Ⅳ　参議院時代関係

1　小林次郎「文民はこうして生まれた」
『朝日新聞』一九五五年三月一八日／「小林次郎関係文書」一四

2　小林次郎「文民の話」無号～（三）
『瑞穂』第三八号～第四〇号〈黒沢浄先生講演会、一九五五年六月～八月〉／「小林次郎関係文書」一八、一九、二〇

3　小林次郎「現行憲法制定の経緯」
『がいど』第一巻第三号〈一九六五年〉／「小林次郎関係文書」二九

Ⅴ　参議院選挙関係

1　小林次郎「敗戦記」（上）（中）（下）
『国会』第三巻第一〇号～一二号（一九五〇年一〇月～一二月）／国立国会図書館

VI　その他

1　小林次郎「政治をよくするために」
『愛国戦線』五一号（一九六〇年）／「小林次郎関係文書」二四

2　小林次郎「強者に媚びる国民性」
『思想研究』二二号（一九六一年）／「小林次郎関係文書」二六

3　小林次郎「賈似道の話」
『思想研究』二七号（一九六二年）／「小林次郎関係文書」二七

4　小林次郎「生存者叙勲に思う」
『思想研究』五一号（一九六四年）／「小林次郎関係文書」二八

■書　簡

◎小林次郎宛

伊沢多喜男書簡

1　大正6年1月15日／いいづな歴史ふれあい館所蔵「小林桂太旧蔵資料」（以下、「小林桂太旧蔵資料」）No.七‐一

2　大正6年12月1日／「小林桂太旧蔵資料」No.七‐二

3　大正7年8月28日／「小林桂太旧蔵資料」No.七‐三

4　大正8年4月30日／「小林桂太旧蔵資料」No.七‐四

5　大正8年5月12日／「小林桂太旧蔵資料」No.七‐五

6　大正8年6月15日／「小林桂太旧蔵資料」No.七‐六

7　大正8年10月11日／「小林桂太旧蔵資料」No.七-七
8　大正8年11月11日／「小林桂太旧蔵資料」No.七-八
9　大正9年2月7日／「小林桂太旧蔵資料」No.七-九
10　大正11年8月31日／「小林桂太旧蔵資料」No.七-一〇
11　(大正)(12)年6月8日／「小林桂太旧蔵資料」No.七-一二
12　大正12年6月15日／「小林桂太旧蔵資料」No.七-一一
13　大正12年7月20日／「小林桂太旧蔵資料」No.七-一三
14　(大正)(14)年12月12日／「小林桂太旧蔵資料」No.七-一四
15　大正14年12月11日／「小林桂太旧蔵資料」No.七-一五
16　昭和3年11月17日／「小林桂太旧蔵資料」No.七-一六

井上匡四郎書簡

1　年不明9月27日／「小林桂太旧蔵資料」No.一〇-四

内山田三郎書簡

1　(昭和)(2)年4月23日／「小林桂太旧蔵資料」No.一三-二

江木千之書簡

1　大正10年10月25日／「小林桂太旧蔵資料」No.一〇-三

小川平吉書簡

1　(昭和)(10)年10月25日／「小林桂太旧蔵資料」No.一〇-五

大庭二郎書簡

1　(昭和)(12)年月不明26日／「小林桂太旧蔵資料」No.一〇-六

岡崎邦輔書簡

1　(昭和)(9)年10月7日／「小林桂太旧蔵資料」No.一〇-一八

片岡直温書簡
1　年不明5月4日／「小林桂太旧蔵資料」No.一〇‐一七
唐沢俊樹書簡
1　（昭和）（7）年1月29日／「小林桂太旧蔵資料」No.一三‐六
川崎末五郎書簡
1　（昭和）（7）年1月25日／「小林桂太旧蔵資料」No.一三‐五
齋藤樹書簡
1　（昭和）（7）年2月29日／「小林桂太旧蔵資料」No.一三‐七
田子一民書簡
1　年不明2月5日／「小林桂太旧蔵資料」No.一三‐四
高橋雄豺書簡
1　昭和4年3月29日／「小林桂太旧蔵資料」No.一三‐三
塚本清治書簡
1　（大正）（12）年9月24日／「小林桂太旧蔵資料」No.一〇‐七
2　年不明5月22日／「小林桂太旧蔵資料」No.一〇‐八
床次竹次郎書簡
1　（大正）（15）年（4）月（26）日／「小林桂太旧蔵資料」No.一〇‐一〇
中松真卿書簡
1　（昭和）（10）年2月13日／「小林桂太旧蔵資料」No.一〇‐一五
長谷川久一書簡
1　（昭和）（7）年7月30日／「小林桂太旧蔵資料」No.一三‐八

福村正樹書簡

1　大正10年2月9日／「小林桂太旧蔵資料」No.一三‐一

松井春生書簡

1　(昭和)(2)年7月30日／「小林桂太旧蔵資料」No.一〇‐一三

松本幹一郎書簡

1　(大正)(7)年9月5日／「小林桂太旧蔵資料」No.一〇‐二

松本烝治書簡

1　(大正)(6)年2月14日／「小林桂太旧蔵資料」No.一〇‐一

丸山鶴吉書簡

1　年月不明23日／「小林桂太旧蔵資料」No.一〇‐九

村上恭一書簡

1　昭和10年5月3日／「小林桂太旧蔵資料」No.一〇‐一六

山岡万之助書簡

1　年月不明7日／「小林桂太旧蔵資料」No.一〇‐一一

除野康雄書簡

1　(昭和)(6)年12月9日／「小林桂太旧蔵資料」No.一三‐九

横山助成書簡

1　年月不明28日／「小林桂太旧蔵資料」No.一〇‐一二

吉野信次書簡

1　年不明12月13日／「小林桂太旧蔵資料」No.一〇‐一四

◎小林頼利宛

松本忠雄書簡

1　(大正)(10)年2月25日／「小林桂太旧蔵資料」No.八-二
2　(大正)(11)年5月9日／「小林桂太旧蔵資料」No.八-三
3　(大正)(11)年12月18日／「小林桂太旧蔵資料」No.八-四
4　(大正)(12)年7月25日／「小林桂太旧蔵資料」No.八-五
5　(大正)(12)年7月31日／「小林桂太旧蔵資料」No.八-六
6　(大正)(12)年8月12日／「小林桂太旧蔵資料」No.八-七
7　(大正)(12)年8月22日／「小林桂太旧蔵資料」No.八-八
8　(大正)(12)年10月6日／「小林桂太旧蔵資料」No.八-九
9　大正12年11月(11)日／「小林桂太旧蔵資料」No.八-一二
10　(大正)(12)年11月28日／「小林桂太旧蔵資料」No.八-一一
11　(大正)(13)年2月28日／「小林桂太旧蔵資料」No.八-一〇
12　昭和3年2月1日／「小林桂太旧蔵資料」No.八-一三
13　昭和3年2月17日／「小林桂太旧蔵資料」No.八-一六
14　年不明2月16日／「小林桂太旧蔵資料」No.八-一八
15　年不明11月15日／「小林桂太旧蔵資料」No.八-一五
16　年不明11月18日／「小林桂太旧蔵資料」No.八-一

丸山吉蔵書簡

1　年不明11月19日／「小林桂太旧蔵資料」No.八-一四

清書簡

1　昭和3年2月15日／「小林桂太旧蔵資料」No.八-一七

小林次郎　年譜

明治二四年八月一三日　長野県上水内郡高岡村に生まれる
明治三一年　上水内郡高岡尋常小学校入学（明治三五年卒業）
明治三五年　長野市城山尋常高等小学校高等科入学（明治三八年修業）
明治三八年　長野県立長野中学校入学（明治四五年卒業）
明治四五年　第七高等学校造士館入学（大正二年卒業）
大正　二年　東京帝国大学法科大学入学（大正六年卒業）
大正　五年　文官高等試験に合格
大正　六年　司法官試補
　　　一〇月　依願免司法官試補、任沖縄県属、内務部地方課勤務
大正　七年　兼知事官房秘書係、兼沖縄県警部、兼沖縄県警視、警察部勤務
　　　補那覇警察署長
大正　八年　沖縄県理事官、沖縄県産業課長、物産検査所長事務取扱
　　　地方課長
大正　九年　一月　任貴族院守衛長兼貴族院書記官、庶務課長兼議事課勤務
　　　三月　速記課長兼務
　　　七月　兼任工務局書記官（八月二六日まで）

大正　九年一一月　八月　兼農商務書記官、農商務省工務局勤務
大正一〇年　三月　貴族院速記課長兼議事課庶務課勤務
大正一一年　四月　欧米各国へ出張（第七回万国議員商事会議参加議員に随行）
大正一五年　一月　中国へ出張
昭和　四年　五月　兼任内務事務官
昭和　六年一二月　欧州各国出張（第一五回万国議員商事会議参加議員に随行）
昭和　七年　六月　庶務課長兼速記課長、兼任営繕管財局書記官
一二月　免兼内閣商工書記官
昭和　八年　四月　委員課兼務、兼任営繕管財局書記官
六月　依願免兼内務事務官、免兼営繕管財局書記官、兼任行政裁判所評定官
南洋群島、フィリピン、香港、上海へ出張（貴族院議員南洋諸島委任統治状況視察に随行）
昭和一〇年　八月　欧州各国へ出張（国際会議出席議員に随行）
昭和一一年　七月　議院制度調査会幹事
昭和一五年　六月　満州国へ出張（貴族院議員視察に随行）
一二月　貴族院書記官長
昭和一七年　九月　満州国へ出張（貴族院議員視察に随行）
昭和二〇年一〇月　憲法問題調査委員会委員
一一月　貴族院議員（勅選）

＊この年議会制度審議会幹事に就任。

昭和二一年一二月　親任官待遇

＊この年、臨時法制調査会委員に任命される。

昭和二二年　四月　参議院開設準備委員長

　　　　　　五月　参議院事務総長に当選

昭和二四年　九月　参議院事務総長を辞任

昭和二五年　五月　第二回参議院議員通常選挙（全国区）に自由党から出馬、落選

　　　　　一二月　全国選挙管理委員会予備委員

昭和二六年一二月　公職資格訴願審査委員

昭和二八年　四月　第三回参議院通常選挙（長野地方区）に出馬、落選

昭和三一年　七月　第四回参議院銀通常選挙（全国区）に自由党から出馬、落選

昭和三二年　三月　信濃育英会理事長

昭和三四年　六月　全国治水砂防協会常任幹事

昭和四二年　七月　二日　没

（備考）年譜の作成にあたっては二〇二二年に小林次郎生家より発見された履歴書、辞令類の内容も参照した。利用に当たっては、宇敷義道氏・照美氏（小林桂太氏遺族）および、いいづな歴史ふれあい館の小山丈夫氏に便宜を図っていただいた。ここで御礼申し上げます。

小林次郎　関係系図

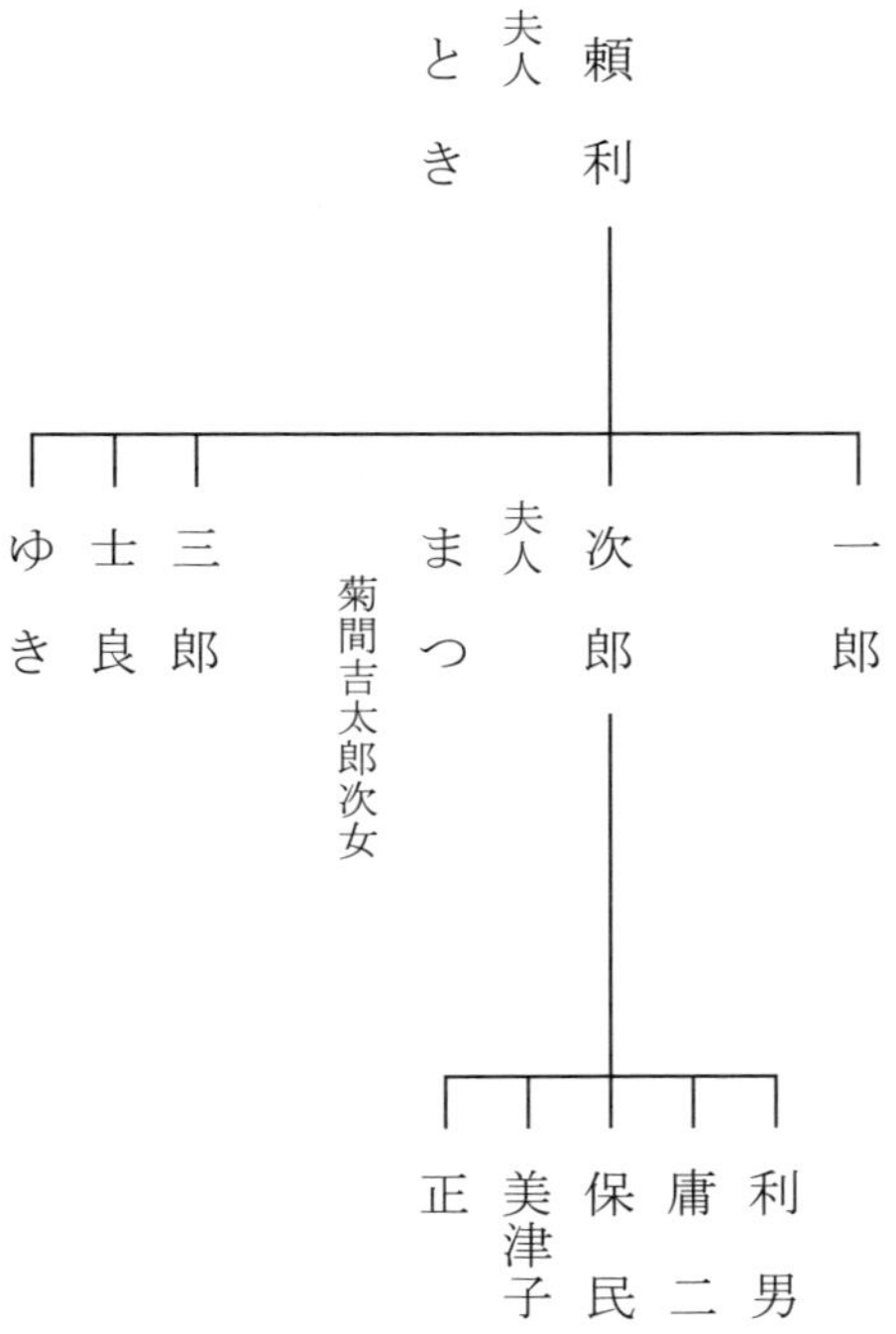

後記

本書は、国立国会図書館憲政資料室が所蔵している「小林次郎関係文書」の「国会生活の思い出」（松籟堂、一九五〇年）で「校正用」として書き込みがあるものをはじめ、学生時代からの論文類、長野県飯綱町のいいづな歴史ふれあい館が所蔵している小林次郎宛書簡などを翻刻したものです。尚友ブックレット31号として、『小林次郎日記』を平成二八（二〇一六）年に刊行しましたが、その時、同年二月に出身地である飯綱町で、父親の頼利氏が暮らした家から小林次郎や頼利氏にあてた書簡が見つかっていた旨の情報を町から頂き、今回の刊行につながった次第です。

刊行に際し、小林次郎氏御令孫・藤野京子氏、小林成子氏からは、快くご承諾を賜りました。飯綱町教育委員会からはご快諾を得るとともに、いいづな歴史ふれあい館の小山丈夫氏からは種々ご協力を賜りました。國學院大学大学院　篠原大樹氏からは校正の協力を頂きました。国立国会図書館には原本参照等ご協力を得ました。

今津敏晃亜細亜大学准教授は、翻刻、編集、校正、解題執筆のすべてを担われ、本書を史料集として完成されました。

途中、コロナ等による中断もあり、刊行予定が遅れ皆様のご心配をおかけした事をお詫び申し上げるとともに、多くの方々のご尽力、ご協力を得て本書が刊行に至ったことを心より感謝申し上げます。本書が貴重な記録として、他の史料集と共に日本近現代史研究に寄与することを願う次第です。

尚友倶楽部史料調査室　藤澤恵美子

編者
一般社団法人尚友倶楽部《しょうゆうくらぶ》
1928年（昭和3年）設立の公益事業団体。旧貴族院の会派「研究会」所属議員により、相互の親睦、公益への奉仕のため設立。戦後、純然たる公益法人として再出発し、学術研究助成、日本近代史関係資料の調査・研究・公刊、国際公益事業、社会福祉事業の支援などに取り組んでいる。「尚友叢書」既刊52冊、「尚友ブックレット」既刊39冊。

今津 敏晃（いまづ としあき）　亜細亜大学法学部准教授
1974年生。東京大学大学院人文社会系研究科博士課程単位取得満期退学。関東短期大学非常勤講師、亜細亜大学法学部講師を経て、現職。主な業績に「第一次若槻内閣下の研究会」（『史学雑誌』112篇10号、2003年）、「一九二五年の貴族院改革に関する一考察」（『日本歴史』679号、2004年）、「近衛篤麿日記」（千葉功編『日記に読む近代日本』第２巻、吉川弘文館、2012年）がある。

小林次郎関係文書《こばやしじろうかんけいぶんしょ》
〔尚友ブックレット *40*〕

2024年10月 4日　発行

編　集

尚友倶楽部史料調査室《しょうゆうくらぶしりょうちょうさしつ》・今津敏晃《いまづとしあき》

発　行

(株)芙蓉書房出版
（代表 奥村侑生市）
〒162-0805東京都新宿区矢来町113-1　神楽坂升本ビル4階
TEL 03-5579-8295　FAX 03-5579-8786
http://www.fuyoshobo.co.jp

印刷・製本／モリモト印刷

ISBN978-4-8295-0887-9